FACULTÉ DE DROIT DE RENNES.

THÈSE

POUR LA LICENCE

Billaud

REDON
IMPRIMERIE P. CHAUVIN, RUE DE LA GARE.
1873.

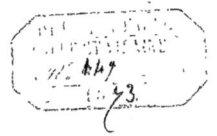

UNIVERSITÉ DE FRANCE. — ACADÉMIE DE RENNES.

FACULTÉ DE DROIT.

THÈSE POUR LA LICENCE

JUS ROMANUM... De Adoptionibus.
DROIT FRANÇAIS.. De l'Adoption.

Cette Thèse sera soutenue le Jeudi 7 Août 1873,
A SEPT HEURES DU MATIN,

Par M. BILLAUD (Albert-Marie),

Né à Redon (Ille-&-Vilaine).

EXAMINATEURS.
MM. HUE, ÉON, GAVOUYÈRE, professeurs, MARIE, agrégé.

REDON
IMPRIMERIE P. CHAUVIN, RUE DE LA GARE.
1873.

A LA MÉMOIRE DE MON PÈRE

———

A MA MÈRE — A MA FAMILLE

———

A MES ANCIENS MAITRES — A MES AMIS

JUS ROMANUM.

DE ADOPTIONIBUS.

(Gaii comm. I, §§ 97 à 108. — Instit. Justin. lib. I, tit. XI).
(Dig. lib. I, tit. XI De adop, — Cod. VIII. 48).

PROŒMIUM.

Adoptionis institutio e juris romani principiis originem ducit : namque ea veteres Quirites longe priusquam lex duodecim tabularum lata fuerit, usos esse constat.

Quæ quidem institutio populi romani ingenio accommodatissima erat, quippe qui hoc præsertim cavere deberet ne domestica sacra gentiliaque privilegia interirent.

Sic adoptionibus remedium sterilitatis his quos natura omni sobole aut omni spe sobolis fraudaverit affertur, solatium his amissos infantes plorantibus præbetur, utrisque tandem ita succuritur ut nec jam hac cura laborentur ne nomen periturum videant, bona ad extraneos transitura, atque interruptum iri sacra privata forsanque longam majorum seriem.

Nusquam apud auctores adoptionis definitionem reperimus. Tantum de ea re dicit Justinianus, iisdem ac Gaius verbis utens : « *Non solum naturales liberi in potestate nostra sunt, verum etiam hi quos adoptamus.* » Auctores enim hanc institutionem non nisi in eo quod attinet ad patriam potestatem spectaverunt.

Nos autem ita lato sensu adoptionem definiri posse censemus : Actus solemnis quo quis alieni patriæ potestati subjicitur, ejus filii nepotisve locum obtinens, perinde ac si ex legitimo matrimonio natus esset.

DIVISIO.

Quemadmodum vero de jure personarum in duos status divisio est, nam quædam personnæ sui juris sunt, quædam alieno juri subjectæ, ita in duas species adoptio dividitur. Pariter altera *adoptio* dicitur earum quæ alieni juris sunt ; altera vero earum quæ sui juris *adrogatio*. (Modest. dig. l. 1. 7. § 1. de adopt.). Quapropter in duas partes, secundum materiæ naturam, hoc opus dividemus. In prima parte de adoptione, in secunda de adrogatione disseremus. In appendice adjecta breviter hanc simulatam adoptionem quæ per testamentum fiebat videbimus.

PARS PRIMA.

DE ADOPTIONE.

Est adoptio modus patriam potestatem acquirendi in civem alieni juris, id est in filium familias.

Tria in hac parte nobis agenda sunt :

1° Quænam a personis habilitas exigitur ?
2° Quibus modis fit adoptio ?
3° Quibus cum tandem effectibus ?

SECTIO PRIMA.

Quænam a personis habilitas exigitur.

Tres personæ in quaque adoptione instant : et is qui adoptat, id est pater adoptivus, et filius familias adoptandus, pater familias tandem qui dat in adoptionem filium.

Non autem cuicunque volenti adoptare licet ; nec cujuscunque adoptio permittitur. A lege enim cautum est ne hæc tam utilis institutio degeneraretur.

Imprimis ab eo qui adoptaturus est exquiritur ut sit civis romanus ; transfert enim patriam potestatem adoptio, neminemque hanc potestatem habere posse nisi civem romanum Justinianus scripsit (Instit. l. I lit. IX de pat. potest).

Eumdem sui juris esse oportet ; etenim nullo modo patriam potestatem filiifamilias habere queunt.

Rursus eo quod ex patria potestate prudentes adoptionem pendere voluerunt sequitur ut solis viris adoptare permittatur ; quum feminis ne in naturales quidem liberos patria patestas detur. (Gai. comm. I § 104)

Duriores tamen hos mores ætas postera emendavit. Nonnullis primum feminis, tantum vero ex rescripto, tantumque ad solatium liberorum amissorum, indulgentia singulari principis adoptare permissum fuit.

Quod jus, duabus his supra conditionibus manentibus, generaliter Justinianus extendit. Cæterum hoc bene notandum est, nequaquam ista adoptione patriam potestatem mulieribus transferri.

Verum vero civem romanum esse, suique juris, ac masculini sexus non satis est. Naturam quoque consulere oportet ; quippe quam prudentes imitari voluerint.

Ideo non tantum quemquam seipso seniorem adoptare vetatur, sed etiam ut quem sibi per adoptionem filium cupit facere plenæ pubertatis, id est octodecim annis, præcedat jubet lex. Ita etiam castrati adoptare non possunt, quia quodam modo sexum amisere. Spadones autem, quanquam præsens ab vitium corporale generare non possunt, adoptare tamen haud incongruens visum est, quia nil impedit quin olim, sublato hoc vitio, generare queant.

Inde denuo prudentium hæc opinio : scilicet neminem ad certum tempus in alicujus patriam potestatem accipi posse, quia filium temporalem habere non moribus convenit. (Dig. l. 1. tit. vIII § 34).

Verum haud peragitur adoptio nisi is qui filium dat in adoptionem atque is qui eum accipit consentiant ; adoptandum autem non contradicere sufficit. Quapropter infans ipse, id est qui non adhuc loquitur, adoptari potest.

Casus interdum evenit quo et alius consentire debeat ; id est quum quis in locum nepotis adoptare cupiat perinde ac si ex eo filio quem jam in potestatem habet ortus esset. Cujus tunc filii consensus exquiritur ne, ut inquit Justinianus, ei invito suus hæres agnascatur. (Inst. just. l. 1. tit. xi § 7 de adop.). Aliter si nepos ab avo in adoptionem detur ; filio etiam contradicente adoptio valet ; quippe in potestate avi nepos est, non autem patris, atque in eo casu avus a domo hæredem removet nedum hæredem novum filio adciscat.

Nunc paucis verbis quod attineat ad personam filii familias adoptandi dicendum est.

Adoptari posse impuberes atque mulieres scimus.

Hoc vero proprium est adoptionis liberti quod a patrono suo tantum adoptari queat. Quod si enim liberti alieni adoptio permissa esset, patronorum jura læsa fuissent.

Quid juris autem si servus adoptetur ? Istam adoptionem ad jus filii accipiendum minime sufficere procul dubio est ; haud tamen omni effectu destituta videbitur, quinimo contra ex hoc ipso servus liber fiet. (Inst. Just. l. 1. tit. xi § 12).

SECTIO SECUNDA.

Quibus modis fit adoptio.

Modi quidem adoptandi non semper iidem manserunt. Utrum ante an post Justiniani tempora ? Est dicernendum.

A. Ad jus privatum attinebat hæc adoptio. Quare tantum adoptantis ejusque qui in adoptionem filium dabat, quum adoptatum non contradicere sufficeret, consensus requirebatur. Neque pontifices, neque populus instabant ; minime perfectam hanc adoptionem infirmandi jus habebant. Adoptio tamen non perfici poterat nisi per quosdam circuitus, a prudentibus solertissime introductos. Qui enim hæc verba a lege duodecim tabularum expressa : « *Si pater filium ter venum duit, filius a patre liber esto* : » a proposito flexerunt adoptionemque hanc nostram creavere.

Eaque adoptio ita agitur.

Titius filium Paulum in potestate habet quem mihi assentienti in adoptionem dare cupit. Ad quod efficiendum mihi Paulum Titius mancipat ; ego Paulum, cum mihi in mancipium venerit, vindicta manumitto ; quo facto in patris potestatem revertitur. Paulum mihi iterum Titius mancipat ; ego iterum Paulum manumitto. Tertia tandem mancipatione omnino e potestate sua Titius filium dimittit. Nondum autem in potestatem meam Paulus transiit. Quem ad finem persequendum me oportet, Paulo patri suo remancipato, utrumque ante magistratum ducere apud quem Paulum filium esse meum vindicabo. Titio autem non contra vindicante, Paulus mihi vindicanti a magistratu filius addicitur. (Gai. comm. I, § § 132. 134).

Quæquidem ratio distintionem recipit; nam non eodem jure utuntur filii masculini sexus quo cæteri liberi sive masculini sive femini sexus. Nam non nisi de filio, id est libero primo gradu masculinoque sexu, a lege duodecim tabularum cautum est. Quapropter de illis unam mancipationem sufficere prudentibus placuit. Similiter autem in jure cedabantur.

Quamquidem in jure cessionem apud magistratum diximus fieri ; at apud quosdam magistratus ? Quum inter legis actiones hæc quæ dicitur in jure cessio haberetur, hinc inferimus non nisi apud eum apud quem plena esset legis actio hanc adoptionem committi potuisse. Idcirco, donec ritus viguit legis actionum, seu apud Prætorem, seu apud Præsidem, vel apud consulem adoptiones fiebant.

B. Justianus vero omnia hæc mutat. Neque mancipatione, neque cessione in jure nunc opus est. Omnibus his imaginibus remotis, magistratum competentem adeunt partes, illique certum faciunt consensum suum. Annuente magistratu actisque intervenientibus adoptio perficitur.

SECTIO TERTIA.

Quibus effectibus fit adoptio.

Diversi sunt adoptionis effectus, prout ante vel post Justinianeas emendationes considerantur.

Juxta jus antiquum, quascunque inter personas flat àdoptio, adoptatus plenam prioris status mutationem patitur. Sola quæ ipsa natura junxit vincula manent, ideo cognationis jura non dirimuntur. Omnia autem hæc quæ jus civile introduxit aut sanxit adoptione mutantur.

Ita filiusfamilias qui in adoptionem datur e potestate patris naturalis exit, omnia adgnationis jura amittit, minimam capitis deminutionem patitur.

Exstinguitur potestas patris naturalis ; quapropter nec jam ejus consensum requirere filio matrimonium contracturo opus erit. Sed contra eamdem hanc potestatem pater adoptivus in filium acquirit. Ita ut nunc solus jure adoptatum manumittat, det in adoptionem, ad ejusque matrimonium consentiat.

Nulla autem quæstio de bonis adoptati potest esse quia sic jus romanum erga personas se habet ut nemo alieni juris aliquid sibi possidere queat.

Neque aliter de adoptati liberis, si habeat. dicam ; quippe quos non in potestate habuerit unquam. In potestate avi retinentur quasi non intervenisset adoptio. (Dig. 1. 1. t. 8 § 40).

Mutatur quoque adgnatio, neque jam nisi cognatione patri naturali pristinisque cæteris agnatis adoptatus jungitur. Ideo nulla filio in naturali familia successionis jura manent. Eadem hæc vero obtinet in familia adoptiva, quippe cui nunc adoptatus adgnascatur. Quinimo his omnibus quibus pater adoptivus adgnascitur et ipse non modo adgnascitur sed etiam cognatus fit. Inde, novæ matrimonii prohibitiones oriuntur. (Dig. l. I. t. 8. § 23).

Minimam capitis deminutionem patitur adoptatus, quod quidem efficitur non tantum in vetere hac adoptione quæ, intervenientibus mancipationibus manumissionibusque, fiebat, ad etiam in ea ipsa quam creavit Justinianus , namque eum juris romani sensum fuisse constat, ut tantum familiam permutasse, ad minimo capite minuendum, esset satis. (Gai. comm. I. § 162).

Dignitas autem nullo modo minuitur, quia dignitas habetur extra statum neque ad privatum jus pertinere videtur ; et ideo senator, etsi a plebeio adoptatus sit, tamen senator manebit.

Sed adoptio dissolvi quit, utputa si pater adoptivus adoptatum emancipet. Quod quidem nonnunquam magno cum detrimento filii adoptivi poterit accidere. Etenim si illum, jam mortuo patre naturali, pater adoptivus e potestate dimittit, omnia successionis jura videbitur amittere cum in adoptiva tum in naturali familia.

Qua injuria gravi confectus, adoptionis materiam in melius reformare voluit Justinianus.

Nunc distinguitur num is qui aliquem adoptare cupit, ejus sit ascendens an non. Si ascendenti filiusfamilias in adoptionem datur, verbi gratia avo materno, quia nunquam potestatem ascendentes materni obtineant, vel, si pater ipse emancipatus fuerit, etiam avo paterno dummodo is adoptandus post patris emancipationem sit natus, quinimo patri sui ipsius, quod contingit quum avus filium emancipaverit retinens in potestate nepotes, omnibus his casibus antiquum jus servatur, quia, in unam personam concurrente et naturæ et adoptionis jure, minime timendum est ne pater adoptivus, una et naturali vinculo et legitimo adoptionis modo constrictus, filium suum injuria emancipet. (Inst. Just. l. I t. XI de adop. — Cod. l. VIII t. 48. § 10.)

Sin autem pater naturalis, non ascendenti, sed extraneæ personæ filium suum in adoptionem cedit, tunc jus antiquum penitus mutatur. Non exit adoptatus e domo naturalis patris; nequaquam capite minuitur, minime jura adgnationis corrumpuntur : tantum jura successionis ab intestato ab adoptivo patre ei tribuuntur.

Illud autem notandum est, quum pater familias dederit in adoptionem, non filium, sed nepotem vel neptem, ut si, tempore mortis avi, suus parens eum eamve non precesserit, posteriori quidem juri locus erit ; sin autem contra pater eum eamve precesserit, ex priori jure omnia illis jura adoptiva intacta manebunt quamvis sit extraneus pater adoptivus, quia eo casu nihil in naturali familia obtinere potuerint.

PARS SECUNDA

DE ADROGATIONE.

Per adrogationem in potestatem civium romanorum adducuntur simul cum domo bonisque suis patresfamilias, id est hi qui sui juris sunt; illa autem cum distinctione, usque ad quamdam divi Antonini constitutionem, dum sint puberes; posthac vero puberes sint, necne. Quod quidem non absque certis discriminibus introductum fuit.

Porro tribus iisdem ac in adoptione sectionibus volutis, quartam adjiciemus in qua videbimus quibuscum singularibus modis effectibusque adrogentur impuberes.

SECTIO PRIMA.

Quas inter personas fit adrogatio.

Nec jam ex tribus ut adoptio, at ex duobus tantum personnis adrogatio efficitur ; ex hac quæ adrogat, ex illa quæ adrogatur.

Omnia quæ supra diximus exquirenda ab eo qui adoptare vult, et hæc quoque ab eo qui adrogare cupit exquirenda sunt. Quem ergo ad justam adrogationem faciendam, oportet esse civem romanum, masculini sexus, dein octodecim majorem annis quam patremfamilias adrogandum.

Mulieribus autem, post Justinianeas in hoc emendationes, in quibus casibus adoptare in iisdem adrogare permissum fuit.

Sunt insuper alia exquirenda ; nam quum res majoris momenti ab ea consequerentur adrogationem difficilius permittendam esse placuerat.

Ita accurate cavendum est :

Ne minor sexagenta annis sit is qui adrogat, quia potius liberorum creationi studere debet, nisi forte morbus aut valetudo in causa sit aut alia justa causa adrogandi, veluti si conjunctam sibi personam velit adrogare : (Dig. l. I. t. VIII. § 22 Ulp. 2).

Ne turpis causa adrogandi subsit ; quapropter Ulpianus bene scripsit : non permittendum adrogare minorem viginti quinque annis ei qui ejus tutelam curamve administraverit ne forte eum adroget ne ipse rationes reddat ; quam ob eamdem rationem ne pauperior ditiorem adroget ;

Ne hic qui filium in justis nuptiis vel in concubinatu procreavit alium adroget, ne liberorum naturalium deminuatur spes quam unusquisque eorum sibi obsequio parat ; (Dig. l. I. t. VIII § 17).

Ne quis demum plures adroget.

Hoc autem intelligendum est ; omnibus in his casibus, non adrogatio sine discrimine prohibetur, nam si justa causa interveniat, veluti si quis naturali cognatione vel sanctissima affectione ductus adoptet, tum justa adrogatio fieri potest.

Expressis verbis et is qui adrogat et is qui adrogatur manifestum consensum facere debent.

Antiquioribus temporibus neque impuberes neque mulieres adrogari poterant ; impuberes quidem quia, quum non nisi lege curiata adrogatio fieret, in commitiis stare nequibant ; mulieres autem quippe quæ nequaquam jus suffragii haberent.

Recentiori vero jure, postquam rescripto principali adrogationem copulari solitum est et feminæ adrogatæ sunt ; impuberem autem divus Antoninus adrogationem permisit, certis quidem conditionibus quæ cæterum vice sua exponemus.

Quod ad personam filii ex concubinatu orti attinet, ejus adrogatio longo tempore permissa fuit ; quinimo habebatur ut præcipuus modus per quem naturales liberi legitimi efficerentur. Sed imperator Justus Justinianusque deinceps, adoptivi patris constitutionem ratam habens, naturalium adrogationem prohibuit, quia videbatur mores offendere atque in se multam habere absurditatem, quippe quæ indiscrete velut advenas quosdam legitimis naturales superinduceret (Novel. 89. C. 7).

De liberto autem idem jus est in adrogatione atque in adoptione. Quem non nisi a patrono suo adrogari permittitur. Attamen vel alienus libertus, si quidem ejus dominus annuet, juste adrogari poterit.

SECTIO SECUNDA.

Quibus modis fit adrogatio.

Reipublicæ utique adrogatio interest ; namque cum sui juris sit is qui adrogatur, est familia seu patrum seu plebis quæ omnino exstinguatur, altera vero quæ augeatur, sunt etiam sacra privata quæ in perpetuum pereant. Isto modo graviter civium romanorum ordines perturbantur, Deorumque religio decrescit. Quapropter antiquioribus in diebus non nisi auctor fieret populus annuerentque pontifices adrogatio poterat copulari.

En qua ratione agebatur.

Calatis comitiis, explorataque accuratissime causa, ne forte quis insidiose bona ejus qui adrogabatur appeteret aut alia causa turpis adrogandi subesset, triplex rogatio fiebat ; nempe is qui adoptare cupiebat rogabatur, id est interrogabatur an vellet eum quem adoptaturus esset justum sibi filium esse, et is qui adoptabatur rogabatur, an id fieri pateretur ; populusque dein rogabatur an id fieri juberet. Ex quo etiam faciendi modo adrogatio habuit nomen. (Gai. comm. II § 99).

Expressis verbis certo consensu facto ejus qui adrogabat ejusque qui adrogabatur, nisi dissentirent pontifices, lege curiata facta, justa peragebatur adrogatio.

Cum autem non nisi Romæ comitiæ calarentur, nusquam nisi Romæ illa adrogatio fieri quibat. Ex hoc etiam facile intelligitur cur feminæ et impuberes non possent adrogari, quippe qui non juris comitialis essent participes.

Verumvero paulo post latam legem duodecim tabularum, cum longius fines suos Urbs prorogavit quam ut omnes romani cives jam in forum ad comitia vocari possent, trigenta lictores in locum harum trigenta veterum curiarum suffecti sunt. Tunc, et ipso mutato modo adrogandi, adrogationi triceni illi lictores ; præsidente magistratu, pro populo assentiebantur.

Postea Divus Diocletianus adrogationem, omnino obsoletis curiatis comitiis atque trigenta lictorum consiliis, per rescriptum principalem, post cognitam causam concessit, cum legitur in constitutione ejus simul atque Maximiniani imperatoris : « *Arrogatio ex indulgentia principali facta, perinde valeat, apud Prætorem vel præsidem intimata, ac si per populum jure antiquo facta esset.* » (Cod. de adop. l. VIII. 48).

Posthac non tantum in Urbe, sed in provinciis etiam eo modo adrogatio committi potuit.

SECTIO TERTIA.

Quibus effectibus fit adrogatio.

Adrogationis effectus duplici genere sunt. Quidam enim personam adrogati spectant, quidam ad bona ejus attinent.

Adrogatus similiter atque adoptatus in potestatem patris adoptivi transit; illud vero proprium est adrogationis quod si, is qui sese adrogandum dedit, ipse in potestate liberos habet, et illi ipsi liberi in potestatem patris adoptivi adducuntur tanquam nepotes. Neque solus paterfamilias adrogatus sed etiam omnes ejus liberi minimo capite minuuntur. (Dig. l. IV. t. v. § 3). Cognatio vero, ut in adoptione, intacta manet, quippe quæ non ex lege, natura autem oriatur, adgnatione cæterum pristina utique corrupta.

Bonorum vero adrogati, nec jam personam sustinentis, quasi mortuus esset, tanquam per universitatem successio apertur.

Quæquidem simulata successio non iisdem cum effectibus transfertur ante dies Justitianeos atque post.

Priori ætate pleno jure, id est cum facultate triplici utendi, fruendi, abutendi, omnia propria adrogati (parum referebat corporalia incorporaliave essent) et quidquid ei debitum erat, adrogatori jure patriæ potestatis adquirebantur. Neque ullum discrimen erat inter dominium ex jure Quiritium vel ex jure Honorario. Attamen ea excipiebantur quæ per capitis deminutionem peribant quales erant usus, usus fructus, operarumque obligationes per jusjurandum contractæ.

Hoc etiam notandum est, nempe postquam imperatores peculium castrense peculiumque quasi castrense creaverunt, illa peculia, adveniente adrogatione nihilominus incolumia in capite adrogati servata fuisse.

Quid nunc accidebat si quid æris alieni adrogatus haberet?

Hoc distinctionem recipiebat.

De hæreditario ære alieno, pater adoptivus directo jure tenebatur quia et ipse hæres fiebat, adoptatus autem desinebat jure civili hæres esse. (Gai. comm. III § 84.)

De eo vero quod ex contractu debebatur diversum jus erat. Jure civili, adrogator omnino erat liber, namque pater familias a filio nunquam tenetur. Adrogatus nil jam debebat, capitis deminutione liberatus ; manebat tantum naturaliter obligatus. Creditores vero, omni actione fraudati, pessimam fortunarum conditionem patiebantur.

Quem vero rigorem mitigaverat jus Honorarium.

Tum creditoribus, ne spoliarentur, utilis actio, ut quædam in integrum restitutio, rescissa capitis deminutione, in adrogatum dabatur. Neque timendi locus erat ne illa actio caderet; nisi enim adversus eam ab adrogatore defensus fuisset adrogatus, quæ bona ejus futura fuissent si se alieno juri non subjecisset, universa vendere creditoribus prætor permittebat.

Si quid autem ex delicto adrogatus debebat, nequaquam in hoc casu ipse teneri desinebat; bene enim scripsit Ulpianus : « *Nemo delictis exuitur quamvis capite minutus sit.* » (Dig. l. IV. t. V § 2 in fine).

Hæc omnis materia a Justiniano retracta fuit.

Eamdem acquisitionem quæ per adrogationem fiebat ad similitudinem naturalium parentium coarctavit. Idcirco duntaxat adrogatori jus utendi fruendi datum est, dum integrum adrogato jus abutendi servabatur.

De eo quod adrogatus debet, omnis iniquitas aufertur.

Haud equidem ipso jure adrogator tenetur, sed nomine filii convenietur et, si eum noluerit defendere, permittitur creditoribus per competentem magistratum, bona quæ ejus cum usufructu futura fuissent, si se alieno juri non subjecisset, possidere et legitimo modo ea disponere. (Inst. Justin. l. III t. X de adq. per adrog.).

SECTIO QUARTA.

De impuberum adrogatione.

Impuberum adrogationem, hactenus prohibitam, Divus antoninus permisit. Quam quidem non temere neque inexplorate committi voluit, quibusdam singularibus conditionibus impositis.

Oportet necessariam quæstionem exactius etiam fieri quam in puberum adrogatione. Cavendum est ut *honesta utilisque* sit illa adrogatio. Ita excutiendum cujus vitæ sit is qui velit redigere pupillum in familiam suam, an bonis moribus versetur, ne, cum tam magna puero debeatur reverentia, causa turpis lateat ; dein quæ sint facultates pupillique adoptantisque, ne is animo lucrandi videatur implsus. Pauperiori tamen ditiorem adrogare non prohibebitur si clara erit ejus vitæ sobrietas, affectiove honesta neque incognita.

Præterea, ne bona potius quam vitam pupilli adrogator appeteret, hunc divus Pius voluit esse restiturum, si intra pubertatem ille decederet, omnia quæ adrogati fuerant, ejus hæredibus quibus, nisi intervenisset adrogatio, ventura fuissent,

Item omnia sua sed tunc ipsi reddere cogetur adrogator si cum justa causa emancipaverit ; sin autem sine justa causa emancipaverit, vel si in testamento pupillum exhæredem fecerit (in quo casu parvi refert num fuerit justa causa, necne) non propria tantum restituere omnia sed et quartam partem sui ipsius patrimonii adrogato relinquere debebit adoptivus pater. Quæ pars *quarta Antonina* vocatur ab Antonino qui illam instituit. Illud vero proprium est illius *quartæ Antoninæ*, quum sit inter bona successionis adrogatoris, quod, non vivo adrogatore, sed tantum ab ejus hæredibus repeti possit, utili actione erciscundæ familiæ pupillo data.

Quotiescumque impubes adrogatur satisdationem ante publicam

personam, id est tabularium, quondam publicum servum, dari oportet, qua caveatur rem pupilli salvam fore bonaque ejus, juxta casum, ipsi vel ejus hæredibus esse restituenda : qua autem deficiente utili actione adrogator tenebitur. (Ulp. Dig. l. I. t. VII § 19).

Hæc autem satisdatio nec jam locum habet quum pubes evasit adrogatus ; cui tunc suam adrogationem sive consensu statuere, sive infirmare permittitur.

Si confirmare non libet ac probat adrogationem non expedire sibi, a patre adoptivo emancipabitur, atque pristinum jus recuperabit. Sin autem contra statuere placet adrogationem suam, vel si justam causam emancipationis non probavit, adrogatione tum plane·confirmata, ad jus commune reditur, perinde ac si pubes adoptatus esset.

APPENDIX.

Nunc adoptionis materia volvitur ; attamen hoc opus concludere nolumus nec saltem unum verbum dicere de singulari modo adoptandi, quem in ultimis Reipublicæ diebus mores introduxerunt, quemque nonnulli latini scriptores, non prudentes vero, in libris referunt.

Hæc est adoptio quæ per testamentum fiebat. Sic in exemplum dabimus Octavium a Julio Cæsare isto modo adoptatum. Scire autem oportet hanc simulatam adoptionem nullum unquam habuisæ juris effectum nisi testamentum istius modi, ad veteribus principiis inserviendum, lege curiata confirmatum fuisset. Cæterum nullam patriampotestatem tribuere poterat, quum jam adoptans mortuus esset; jura tantum successionis conferebat.

DROIT FRANÇAIS.

DE L'ADOPTION (Code Civil, l. I. tit. VIII. art. 343 à 361).

CHAPITRE PRÉLIMINAIRE.

Historique, caractère, but et utilité de l'adoption.

L'adoption est l'acte par lequel l'homme privé d'une famille naturelle s'en donne une de son choix. La faculté d'adopter répond trop bien aux plus doux sentiments comme aux plus légitimes désirs de la nature pour n'être pas entrée dans les mœurs et aussi dans les lois de la plupart des nations.

Aussi voyons-nous l'adoption pratiquée dès les temps les plus reculés et chez presque tous les peuples de la terre.

Les Hébreux, les Egyptiens la connurent. Les Juifs l'eurent en usage : Esther était la fille adoptive de Mardochée ; et la loi juive faisait même au frère une obligation d'épouser la veuve de son frère mort sans enfants, afin de donner un successeur au nom et à la fortune du premier mari, ce qui réalisait ainsi l'un des principaux buts que se propose l'adoption, la transmission du nom.

Nous trouvons encore un grand et solennel exemple d'adoption au pied du Calvaire où expirait le Maître souverain de la nature. Jésus mourant donne un fils à sa mère et une mère à son disciple bien-aimé pour les consoler de la perte qu'ils vont faire, et comme pour remplacer par de nouveaux liens ceux que sa mort va briser. La religion voit même dans cette adoption particulière l'adoption, par la mère du Sauveur, de l'humanité tout entière représentée dans la personne de saint Jean.

Enfin les peuples les plus policés et les plus célèbres dans l'antiquité par leur législation donnèrent place à l'adoption dans leurs lois et en réglèrent la forme et les effets avec un soin qui atteste l'importance qu'ils attachaient à cette institution. Nous la trouvons dans les lois de Solon, et nous venons de voir combien elle était en honneur à Rome où l'on en avait fait une institution de droit public, plus favorable encore peut-être aux intérêts politiques et religieux qu'aux intérêts des particuliers eux-mêmes.

Il n'en fut pas ainsi dans notre droit. Les provinces de droit écrit elles-mêmes qui avaient emprunté la législation romaine n'admirent point l'adoption ; car on ne saurait appeler de ce nom ces institutions contractuelles ou testamentaires faites sous la condition que le donataire ou l'héritier institué prendrait, en même temps que les biens, le nom et les armes du disposant. Cela tient à ce qu'en France, au moyen-âge, le régime politique était contraire à cette institution, bien loin de lui être favorable comme à Rome. L'adoption contrariait en effet les droits éventuels des seigneurs sur leurs fiefs.

Toutefois l'esprit de nos pères n'était pas étranger à cette institution. L'histoire nous rapporte, antérieurement il est vrai à l'établissement du système féodal, des exemples d'adoptions singulières sans doute dans leurs formes bizarres et bien imparfaites dans leurs effets, mais qui prouvent du moins que cette institution, conforme à la nature, l'était aussi aux mœurs françaises, et qu'il fallait la pression d'un système politique pour la faire tomber en désuétude. A une époque plus récente, au 17me et 18me siècles, on voit bien aussi reparaître, sous l'égide de la Charité, une sorte d'adoption dans certains hôpitaux de Paris et de Lyon. Mais ce n'était qu'une adoption temporaire, limitée dans ses effets et dans ses conditions et qui n'avait guère de l'adoption que le nom. On peut donc dire avec raison que l'adoption n'avait pour ainsi dire point existé en droit et n'existait plus même en fait en France ; et l'Assemblée nationale qui la première en posa le principe peut revendiquer l'honneur de cette généreuse innovation. L'Etat lui-même voulut donner l'exemple et adopta la fille de Michel Lepelletier St-Fargeau.

Toutefois cette matière ne fut définitivement confirmée et réglée que par la loi de 1803 qui l'introduisit dans notre code, et ce ne fut pas sans de nombreuses hésitations. L'utilité de l'adoption, ses formes, son caractère, ses effets avaient successivement fait l'objet des plus vives controverses. Le premier Consul voulait en faire un acte politique émanant du pouvoir législatif, emportant complète mutation de famille et imitant pleinement la nature. Enfin Napoléon renonça à ses premières idées, et nos législateurs, s'inspirant de l'adoption Justinienne et de celle du code Prussien, votèrent, après six rédactions infructueuses, les articles divers de l'adoption que nous possédons aujourd'hui au titre VIII du livre premier du code civil ; c'est-à-dire une institution de droit privé, n'entraînant aucun changement de famille et n'imitant que de très loin la nature.

Offrir, par l'image de la paternité, une consolation à l'homme privé d'enfants, un secours à cette classe nombreuse d'orphelins ou d'enfants dont les ressources paternelles ne permettent pas l'éducation, et, dans certains cas, fournir à la reconnaissance un moyen de s'exprimer noblement et avec fruit, tel est le triple but que l'adoption s'est proposé d'atteindre.

Une institution si généreuse dans ses fins ne saurait être inutile.

En effet, le mariage, la légitimation des enfants naturels reconnus, quand elle est possible, ces deux moyens offerts à l'homme pour s'entourer d'une famille issue de son sang peuvent dans certains cas se trouver insuffisants. Resterait encore celui que des infirmités, des motifs inconnus peut-être mais puissants sans doute ont éloigné du mariage, et celui qui, dans les liens mêmes du mariage, n'a pu connaître les douceurs de la paternité ou qui après les avoir connues s'en est vu privé par la mort.

Eh bien ! c'est du sort de cet homme que la loi s'émeut ; car elle connait cet instinct profond de notre nature qui nous fait redouter de vivre isolés et peut-être encore davantage de mourir sans laisser derrière nous un enfant qui perpétue notre nom ; et c'est à cet homme que la loi vient offrir son secours et dire : « Adoptez, et vous ne vivrez plus seul ; adoptez, et votre nom ne s'éteindra pas. »

La loi sait aussi qu'il est des services que toutes les récompenses pécuniaires ne sauraient dignement reconnaître ; et voilà pourquoi elle permet à celui qui n'a conservé ses jours qu'au péril de ceux d'un ami courageux d'offrir à son sauveur une récompense proportionnée au bienfait en lui donnant le nom de fils et tous les droits et avantages qui se rattachent à ce titre.

Enfin, si nous considérons l'adoption dans la personne de l'adopté, son utilité nous paraît peut-être encore plus incontestable.

Tout est bienfait, tout est profit pour l'adopté. L'orphelin retrouve un père, la faiblesse un protecteur, la jeunesse un guide. Que de pauvres enfants condamnés à la misère vont s'élever à une condition honorable ! De grands talents peut-être qui fussent restés dans l'oubli vont être cultivés et produiront leurs fruits. Et combien l'Etat gagnera de citoyens honnêtes et utiles dont la misère et l'abandon eussent peut-être fait des coupables !

Toutefois, il ne faut pas se le dissimuler, quelque utile qu'elle soit, l'adoption pourrait aussi entraîner de fâcheuses conséquences.

N'est-il pas à craindre en effet que cette institution qui, dans la pensée du législateur, ne doit être que comme un auxiliaire de l'institution sainte du mariage, n'en devienne dans la réalité la rivale en offrant au célibat les resources dernières d'une paternité fictive qui n'aurait point les ennuis d'une paternité réelle ?

Ne peut-on pas redouter aussi que cet acte libéral qui a toutes les apparences du bienfait ne serve au fond à voiler de coupables intentions et de honteux calculs ?

Pour nous, ces craintes nous paraissent peu fondées. Le mariage est trop conforme à la nature, l'opinion publique l'entoure de trop d'honneur, la loi de trop de privilèges pour que l'espérance d'une adoption tardive, qui ne pourra jamais après tout réaliser qu'une imparfaite image de la famille, puisse en détourner un grand nombre, et la culpabilité des intentions ne doit pas se présumer. Quoi qu'il en soit, pour prévenir tout danger, la loi a entouré l'adoption de précautions extraordinaires, de règles de droit strictes qui obvient aux inconvénients possibles.

Ainsi les périls sont écartés, les avantages sont réels : l'adoption est donc une bonne institution, moins conforme, il faut bien le reconnaître, à nos mœurs qu'aux mœurs romaines, mais bien digne de figurer dans les lois françaises qui doivent consacrer toute tendance noble et généreuse ; et si quelque abus est encore possible il faut se rappeler que dans les conditions de notre imparfaite nature les meilleures choses elles-mêmes ont souvent leur mauvais côté. En tout cas, nous remarquerons avec M. Perreau, l'orateur du Tribunat, que l'adoption n'est point une loi de commandement mais de pure faculté, que, si elle n'est point dans nos mœurs, il en résulte seulement qu'on n'en fera point usage et qu'enfin , dans ces sortes de lois dont on a le choix d'user ou de ne pas user, le législateur peut, sans encourir de reproches, se permettre de regarder les hommes non pas tels qu'ils sont mais tels qu'ils devraient être et se flatter de les amener au but qu'il se propose.

DÉFINITION — DIVISION.

L'adoption française peut se définir un contrat solennel, de droit privé, revêtu de la sanction judiciaire, qui, sans faire sortir l'adopté de sa famille, établit entre lui et l'adoptant des rapports civils de paternité et de filiation. Pour être complet nous ajouterons que, dans un seul cas, c'est un acte de dernière volonté léguant les biens, le nom et le titre de fils du testateur.

La loi distingue trois espèces d'adoptions :
1° L'adoption ordinaire.
2° L'adoption rémunératoire.
3° L'adoption testamentaire.

L'adoption ordinaire est celle qui est une pure libéralité de la part de l'adoptant et est soumise à toutes les règles établies par la loi.

L'adoption rémunératoire est celle qui a pour but de reconnaître un grand service de l'adopté qui a sauvé la vie à l'adoptant ; elle est dispensée par privilège de plusieurs des conditions ordinaires.

L'adoption testamentaire enfin est celle qui n'est permise qu'au tuteur officieux mourant avant la majorité du pupille : elle ne peut avoir lieu qu'après cinq ans révolus depuis le commencement de la tutelle.

Ces trois espèces d'adoptions ne diffèrent entre elles que dans les conditions exigées pour leur validité ou dans la forme ; les effets qu'elles produisent sont toujours les mêmes ; l'adoption est une.

Aussi notre division sera tout autre. Nous contentant d'affecter une section spéciale à chacune de ces espèces d'adoption, sous les chapitres où il y aura lieu de distinguer, nous nous demanderons :

1° A quelles conditions est soumise l'adoption.
2° Dans quelles formes elle doit-être faite.
3° Quels sont les effets qu'elle produit.
4° Si l'adoption peut-être annulée, et alors qu'elles sont les causes de nullité ou d'annulation, par qui et pendant combien de temps elles peuvent-être proposées.

CHAPITRE 1ᴇʀ

Conditions requises pour la validité de l'adoption.

Le code ne traite ici que des conditions spéciales à l'adoption sans s'occuper des conditions relatives à la capacité générale de l'adoptant et de l'adopté, lesquelles néanmoins doivent être remplies.

L'adoption en effet est un contrat, et comme tel elle ne peut intervenir qu'entre personnes capables de contracter ; ainsi l'interdit, la femme mariée, non autorisée de son mari, de même que le mineur, ne pourraient figurer dans une adoption. Il est aussi indispensable que les parties consentent, et il faut un consentement exempt d'erreur, de violence, de dol.

Disons aussi dès maintenant que les femmes comme les hommes peuvent adopter. Notre code n'a pas voulu, à bon droit, reproduire la prohibition de la législation romaine primitive.

Les conditions spéciales exigées par le code sont diverses suivant qu'il s'agit de l'adoption ordinaire, de l'adoption rémunératoire ou de l'adoption testamentaire.

SECTION 1re.

CONDITIONS DE L'ADOPTION ORDINAIRE.

Les unes visent spécialement celui qui veut adopter, les autres spécialement celui qui se donne en adoption.

§ 1er. *Conditions requises du côté de l'adoptant.*

Ces conditions sont énumérées dans les articles 343, 344, 345, 355 du code civil. Elles sont au nombre de six. Il faut que l'adoptant ait cinquante ans révolus, quinze ans de plus que l'adopté, qu'il soit sans enfants ni descendants légitimes, qu'il obtienne, s'il est marié, le consentement de son conjoint, qu'il ait donné six ans de soins à l'adopté, enfin qu'il jouisse d'une bonne réputation.

Reprenons successivement chacune de ces conditions.

1° Il faut que l'adoptant soit âgé de plus de cinquante ans (art. 343).

C'est là une borne posée par le législateur aux empiétements possibles de l'adoption sur le mariage. Mais à cet âge on peut sans danger permettre à l'homme d'adopter ; s'il est resté célibataire, il est peu probable qu'il songe alors au mariage et, dans l'intérêt même de la société, il vaut mieux qu'il n'y songe pas ; s'il est marié, la nature laisse peu d'espoir qu'une union jusque-là stérile cesse de l'être. C'est encore une sûreté de plus quant à la moralité des vues de l'adoptant ; à cette époque de la vie en effet l'entraînement des passions n'est plus guère à craindre. On a bien fait aussi de ne point permettre d'accorder des dispenses d'âge pour cause d'infirmités physiques, ce qui eût entraîné des constatations pénibles, difficiles, souvent plus conjecturales que certaines.

2° L'adoptant doit avoir au moins quinze ans de plus que l'adopté (art. 343).

C'est un vestige du droit romain qui voulait que l'adoption imitât la nature : *Adoptio naturam imitatur*. Du reste cette disposition est autre chose qu'une servile imitation et n'est pas seulement destinée, comme on pourrait le croire, à sauver les apparences : Elle assure, comme le dit M. Berlier dans l'exposé des motifs, *la dignité de cette protection légale qui doit résulter de l'adoption*. Cette différence d'âge en effet entre l'adoptant et l'adopté servira à établir d'un côté cet ascendant qui doit être l'un des attributs moraux de la puissance paternelle et de l'autre cette soumission qui est l'un des devoirs de la piété filiale.

3° Le même art. 343 exige encore que l'adoptant n'ait, *à l'époque de l'adoption*, ni enfants, ni descendants *légitimes*.

Cela est fort juste. L'adoption n'a été instituée que pour donner des enfants à ceux à qui la nature en a refusé. Un père, une mère doivent toute leur affection à leurs enfants : pourquoi la loi viendrait-elle leur permettre de la partager avec des étrangers ? Mais la loi n'étend pas ses faveurs aux enfants naturels ni aux enfants adoptifs. Leur présence ne fait point obstacle à l'adoption d'un nouvel enfant. Cela résulte clairement du mot *légitime* inséré dans notre article et indirectement, quant aux enfants adoptifs, de l'art. 348 qui prohibe le mariage entre les enfants adoptifs, d'un même individu. Le législateur n'a point pensé qu'ils pussent occuper dans le cœur du père ou de la mère la même place que les enfants issus d'une union légitime ; c'est donc à ces derniers qu'elle réserve ses faveurs.

Il faut aussi remarquer ces mots de notre article : « *à l'époque de l'adoption.* » Ainsi la survenance d'un enfant légitime postérieurement à l'adoption ne porterait aucune atteinte au droit désormais acquis et irrévocable de l'enfant adoptif. Il en serait de même d'un enfant légitimé par un mariage postérieur à l'acte d'adoption ; car il n'acquiert ses droits d'enfant légitime que du jour du mariage de ses père et mère.

Mais si l'enfant légitime né après l'adoption était conçu à l'époque de la passation de l'acte, nous donnerions, avec la généralité des auteurs, une solution contraire. Le principe de l'irrévocabilité de l'adoption ne nous paraît pas devoir l'emporter sur cet autre principe introduit en faveur des enfants conçus : « *infans conceptus pro nato habetur quoties de commodis ejus agitur.* » Partout en effet où il s'agit des intérêts de l'enfant conçu nous voyons la loi le regarder comme existant. Du reste il faut, bien entendu, que l'enfant naisse vivant et viable. Jusque-là l'adoption reste en suspens; mais nous remarquerons avec

M. Demolombe (traité de l'adoption numéro 16) que l'adoption ne sera pas *révoquée* pour survenance d'enfant, mais *déclarée nulle* comme n'ayant pas été dès l'origine valablement formée.

Quant à l'appréciation de l'époque de la conception, elle sera abandonnée aux gens de l'art ; les art. 312 et 315 ne pouvant s'étendre à notre matière puisqu'ils établissent une présomption légale et que les présomptions légales sont de droit étroit. Toutefois, si l'enfant naissait plus de dix mois après l'acte d'adoption, il serait réputé de plein droit conçu depuis et l'adoption serait maintenue ; elle serait au contraire annulée si l'enfant naissait dans les six mois qui la suivent, parce que la loi n'admet pas que la gestation puisse durer plus de trois cents jours ni moins de cent quatre-vingt. Ce n'est donc que pour la période intermédiaire de quatre mois qu'il y aura lieu de recourir aux appréciations de fait.

Un enfant présumé ou déclaré absent fait-il obstacle à l'adoption ? M. Delvincourt est pour la négative et admet l'adoption, sauf à la révoquer si l'enfant reparaît. Nous n'admettons pas ce système. Celui qui a un enfant légitime ne peut point adopter. Or, la déclaration d'absence n'établit point le décès de la personne absente ; elle se borne à émettre sur son existence comme sur sa mort un doute plus ou moins sérieux mais qui est bien loin d'équivaloir à une certitude. C'est ainsi que le conjoint de l'absent ne peut se remarier. Or, l'adoption étant une question d'état ne saurait, elle aussi, s'accorder avec aucune espèce de conditions résolutoires.

Toutefois, nous croyons que l'empêchement résultant de l'absence ne serait qu'un empêchement prohibitif ; qu'ainsi l'adoption contractée au mépris de l'absence ne pourrait être désormais annulée que sur la preuve de l'existence de l'enfant à l'époque de l'adoption. (Demolombe, Dalloz).

4° Nul époux ne peut adopter qu'avec le consentement de l'autre conjoint (art. 344 § 2). La loi ne distingue pas ; par conséquent le mari doit obtenir le consentement de sa femme comme la femme celui de son mari. C'est le seul cas où la loi fasse fléchir l'autocratie maritale. Le législateur s'est laissé guider par le désir de maintenir dans la famille cette bonne harmonie qu'il se plaît à y voir régner et qu'aurait infailliblement troublée la présence d'une personne étrangère, si elle eût pu avoir lieu contre le gré de l'un des époux. Mais ce consentement n'entraîne, de la part de celui qui le donne, aucune obligation personnelle vis-à-vis de l'adopté.

5° Il faut que l'adoptant ait pendant six ans au moins fourni des secours et donné des soins non interrompus à celui qu'il veut adopter, et cela durant sa minorité. (art. 345).

Cette disposition qui n'existait nullement en droit romain et qui apporte à l'adoption de sérieuses entraves aura souvent même pour effet de la rendre impossible. Néanmoins nous la croyons fort sage. Le législateur a préféré restreindre le nombre des adoptions que d'avoir à en regretter de funestes. Or, cette condition de six ans d'épreuve aura surtout pour effet d'empêcher que l'adoption soit le fruit d'un caprice ou d'un entraînement passager de l'adoptant, de prévenir toute surprise de part et d'autre, enfin de permettre aux parties de s'étudier réciproquement et de se bien connaître avant de contracter un acte qui doit les engager pour la vie.

Ces secours, ces soins non interrompus prépareront l'adoptant et l'adopté à ces relations de père et de fils que la loi doit établir entre eux et qui, n'ayant point leur source dans la nature, seront au moins fondées sur une longue suite de bienfaits et sur une longue habitude de la reconnaissance.

La loi exige enfin qu'ils soient accordés au futur adopté mineur, par ce que cet âge tendre lui a surtout paru propre à faire naître chez l'adoptant l'attachement d'un père et dans le cœur de l'adopté les sentiments de la piété filiale.

Mais ces secours, ces soins, quel en doit être le caractère ? La loi n'en dit rien ; cette appréciation est donc abandonnée à l'arbitraire des tribunaux qui auront à connaître de l'adoption. Ce qui est certain c'est que ces soins ne sont pas forcément ceux de la tutelle officieuse qui n'est que *l'auxiliaire et non pas la voie nécessairement préparatoire* de l'adoption (M. Berlier, exposé des motifs). La loi n'exige point non plus qu'ils aient été donnés spécialement en vue de l'adoption. Elle sera au contraire heureuse de voir la pensée de l'adoption naître d'une protection généreuse qui ne s'était d'abord point proposé cet objet. Mais il nous paraît certain, d'après l'esprit et les termes de la loi, que ces secours doivent être donnés à titre de *libéralités*, et que des soins déjà imposés par la nature ou par la loi ne rempliraient pas le vœu de notre article. Toutefois, l'adoption étant vue avec faveur et le but de la loi, après tout, en exigeant ces secours étant d'assurer entre l'adoptant et l'adopté les liens d'une affection sérieuse, les tribunaux ne devront pas, selon nous, se montrer trop sévères à cet égard.

6° Enfin il faut que l'adoptant jouisse d'une bonne réputation (art. 355 n° 2). Ainsi les mœurs n'auront point à souffrir de l'adoption, la loi ne remettant l'adopté qu'entre des mains pures et dignes d'exercer le sacerdoce de la paternité. Bien plus, par cette mesure les bonnes mœurs trouveront dans l'adoption un encouragement salutaire, puisque celui-là seul sera admis à l'honneur d'adopter qui aura pu justifier d'une vie sans tache, et qu'ainsi tout adoptant sera pour ainsi dire proclamé publiquement un honnête homme.

Mais cette sorte d'enquête préalable, disons-le tout de suite, dans laquelle se trouve en jeu la considération de celui qui se propose d'adopter, doit pour cette raison se faire secrètement, dans la chambre du conseil, au moyen de renseignements officieux; et, pour assurer d'avantage encore le secret de ces investigations sur la vie privée, en même temps que la liberté des tribunaux, la loi dispense les juges d'énoncer les motifs de leur décision. Quant aux faits pouvant constituer la bonne ou la mauvaise réputation, la loi s'en remet à la sagesse des tribunaux qui se trouvent ainsi investis d'un pouvoir complètement discrétionnaire à cet égard.

C'est ici, croyons-nous, le lieu d'examiner et de résoudre deux questions assez importantes relatives à la capacité de l'adoptant et qui, n'étant nullement prévues dans le texte de la loi, sont laissées à l'appréciation de la doctrine.

L'étranger, le prêtre catholique peuvent-ils adopter ?

Quant à l'étranger nous disons non, à moins qu'il soit autorisé à résider en France ou qu'il existe entre la nation à laquelle il appartient et la France des traités autorisant l'adoption.

Voici nos motifs.

L'adoption est une *institution essentiellement civile*; c'est une *fiction* de droit, et personne n'oserait prétendre qu'elle soit de droit naturel ou de droit des gens, quelque conforme que soit d'ailleurs son principe aux sentiments de la nature humaine. Il faut donc pour pouvoir adopter avoir la jouissance des droits civils.

Or, les étrangers ont-ils cette jouissance ? En principe, non ; pour eux l'incapacité est la règle, la capacité l'exception ; ils ne peuvent jouir que des droits civils que la loi leur accorde expressément ou implicitement. L'article 11 de notre code sainement entendu le prouve. Or, nous ne connaissons aucun texte autorisant expressément ou implicitement l'adoption par un étranger ; donc l'étranger ne peut pas adopter. Et qu'on ne se rejette pas sur la loi du 14 juillet 1819 qui permet aux étrangers de succéder en France indépendamment de tout traité. Il faudrait, pour appliquer cette loi à notre matière, ne voir dans l'adoption qu'une institution contractuelle, qu'une pure transmission de biens, ce qui ne peut être comme nous avons déjà eu occasion de le dire et comme il résulte de la définition même que nous avons donnée de l'adoption. Au point de vue passif, disons-le tous de suite, la solution est la même, car participer à un contrat purement civil, soit activement, soit passivement, c'est toujours exercer un droit civil.

Le prêtre catholique peut-il adopter ?

Cette question est fort controversée. De bons auteurs ont embrassé la négative : M. Marcadé notamment dans son explication du code Napoléon et M. de Cormenin dans une consultation célèbre l'ont énergiquement soutenue. Pour nous, nous n'hésitons pas à adopter l'opinion contraire. Au point de vue moral, sans doute, il vaudrait bien mieux que l'adoption fût interdite au prêtre catholique. Les soins de la famille pourraient en effet le détourner de ses devoirs, et l'on ne saurait s'empêcher de reconnaître que le caractère sacerdotal repousse en quelque sorte l'idée de la paternité. Mais des raisons de cette nature, quelque puissantes qu'elles soient, ne nous paraissent pas suffisantes pour créer un empêchement juridique. Dans notre droit la capacité est la règle, l'incapacité l'exception : or, aucun texte ne frappe le prêtre d'incapacité relativement à l'adoption. Nos législateurs avaient sous les yeux, quand ils ont naturalisé l'adoption en France, les règles qui régissent ce contrat en Prusse, en Autriche, en Bavière, en Sardaigne, tous pays où l'adoption est interdite au prêtre ; il est donc évident qu'ils n'eussent point gardé le silence sur ce sujet s'ils eussent voulu reproduire cette prohibition dans notre code. Mais, dit-on, le prêtre étant obligé à un célibat perpétuel ne peut, une fois ordonné, se créer légitimement une famille ; or, l'adoption est une imitation de la nature et crée, fictivement sans doute, des relations pourtant réelles de paternité civile; le prêtre ne peut donc adopter. Nous répondrons que d'abord le célibat n'est point de sa nature un empêchement à l'adoption ; que de plus l'adoption n'est qu'une imparfaite image de la nature, que ce n'est qu'une fiction, qu'elle n'implique nullement par conséquent comme nécessaire l'idée de la possibilité du mariage et, enfin, que si le prêtre ne peut, par les voies de la nature, se créer une famille légitime, c'est qu'il a prononcé le vœu de chasteté perpétuelle, que les canons l'obligent à garder ce vœu et que la loi française, nous l'admettons, a reconnu et sanctionné cette règle. Mais les canons eux-mêmes, d'après Monseigneur Affre, archevêque de Paris, ne contiennent aucune décision qui puisse faire invalider l'adoption contractée par un prêtre. Ce prélat ajoute toutefois qu'un pareil acte est certainement contraire à l'esprit de l'Eglise. Ceci du reste est aussi notre avis.

§ 2. *Conditions requises du côté de l'adopté.*

Voici maintenant qu'elles sont les conditions exigées par le texte dans la personne de celui qui veut se donner en adoption.

Elles sont au nombre de trois.

1° Il faut que l'adopté soit majeur. (art. 346).

L'adoption est en effet un contrat et un contrat irrévocable qui entraîne des changements importants dans l'état de la personne de l'adopté et lui impose même des charges pécuniaires. Il importait donc d'exiger de lui, dans un acte de cette nature, la maturité d'esprit et de jugement que la loi ne reconnaît qu'au majeur. Il est bien vrai qu'on se montre moins sévère pour celui qui s'engage dans les liens aussi irrévocables et encore plus sérieux du mariage ; mais c'est là une exception que justifie pleinement la faveur due à cette institution nécessaire et fondamentale.

2° Il faut que l'adopté, s'il n'a pas vingt-cinq ans accomplis, rapporte le consentement de ses père et mère ou du survivant et, s'il est majeur de vingt-cinq ans, qu'il requière leur conseil (art. 346, *in fine*).

Les parents sont les protecteurs-nés des intérêts de leurs enfants ; leur affection, leur expérience en font les plus justes appréciateurs de ce qui peut être réellement utile à ceux-ci ; il est donc sage de les consulter dans acte aussi important que l'adoption. Mais cette mesure est surtout ici prescrite par respect pour la puissance paternelle. L'adoption va créer entre l'enfant de leur sang et un étranger les liens d'une paternité pour ainsi dire rivale et leur ravir, au profit de cet étranger, une part de cette affection filiale dont les parents se montrent d'ordinaire si jaloux. Il y a là de quoi blesser la plus légitime susceptibilité. Il était donc équitable à la loi d'exiger de l'enfant cette marque de déférence vis-à-vis des auteurs de ses jours et de ne lui pas permettre de se donner en adoption contrairement à leur volonté. Toutefois, l'opposition des parents ne sera que temporaire : à vingt-cinq ans révolus l'enfant pourra passer outre, car le conseil qu'il est obligé de requérir après cet âge n'a qu'un effet purement moral qui ne le peut plus lier juridiquement. Prolonger davantage le temps de l'opposition ne serait plus reconnaître les droits de la puissance paternelle, mais favoriser les caprices, l'entêtement, les motifs intéressés auxquels des parents déraisonnables voudraient obéir ; et, au point de vue de la protection due à l'enfant, ce serait la pousser trop loin, car en définitive c'est lui surtout que cet acte intéresse. Après quatre ans d'opposition les parents auront la conscience d'avoir rempli leur devoir, et l'enfant ne pourra plus s'en prendre qu'à lui des conséquences d'un acte qu'il aura accompli seul et librement.

Il y a, comme nous venons de le voir, une frappante analogie entre l'adoption et le mariage relativement au consentement et au conseil à demander aux père et mère. Toutefois, nous remarquerons plusieurs différences notables.

A. Ainsi, pour le mariage, la fille majeure de vingt-et-un ans peut se passer du consentement de ses père et mère ; il résulte du texte de notre article que pour l'adoption la fille comme le garçon doit jusqu'à vingt-cinq ans rapporter ce consentement. La loi a sans doute pensé que la femme avait d'autant plus de chances de contracter une union avantageuse qu'elle était plus jeune, ce qui n'est pas aussi exact pour l'homme, et qu'il y avait par conséquent lieu de la dispenser, quant au mariage, plus tôt que l'homme d'une obligation bien plus rigoureuse pour elle. Mais cette raison n'existe plus dans notre matière.

B. Notre article exige aussi pour l'adoption le consentement du père et de la mère. Le texte est formel, ce qui est requis, quoi qu'en dise M. Marcadé, c'est un consentement simultané des deux époux. Pour le mariage, en cas de dissentiment, le consentement du père suffit. Mais cette différence s'explique parfaitement. Le mariage est si utile, si indispensable, que le législateur, tout en prenant les mesures qu'exigent, dans un acte si important et si délicat, la raison, la morale, la prudence, les convenances mêmes, s'est attaché d'ailleurs à le débarrasser de toute entrave que ne légitimeraient point de sérieux motifs. L'adoption ne mérite certes pas autant de faveur et le législateur ne veut pas, avec raison, qu'elle devienne un sujet de division dans la famille. Mais, bien entendu, si l'un des deux époux est dans l'impossibilité absolue de manifester sa volonté, il faudra suivre la règle qui se pratique dans ce cas pour le mariage. Ici aucune raison ne s'oppose à l'analogie. Ces deux différences sont à l'avantage du mariage sur l'adoption ; le contraire a lieu pour les deux suivantes.

C. Pour le mariage à défaut de père et de mère, le consentement des ascendants est requis. En pareil cas l'adopté n'a rien à demander à ses ascendants.

D. Enfin, dernière différence, un seul acte respectueux suffit pour l'adoption du majeur de vingt-cinq ans, et sans distinguer entre la fille et le garçon, tandis qu'on en exige trois pour le mariage. Cet acte respectueux doit évidemment se faire dans la même forme que les actes respectueux requis pour le mariage.

3° Il faut qu'il n'ait pas déjà été adopté par une autre personne si ce n'est pas le conjoint de celle qui se propose d'adopter.

Ainsi une même personne peut être adoptée par deux époux, en ce cas la fiction s'accorde parfaitement avec la nature et rien ne s'oppose à ce que cette double adoption ait lieu par actes séparés et à des époques diverses. Mais il eut été absolument contraire à la nature de voir une même personne ayant plusieurs pères ou plusieurs mères, et des conflits regrettables eussent pu du reste s'élever entre les deux adoptants. L'adoption d'un même individu par deux personnes de sexe différent, bien qu'à certains points de vue plus conforme à la nature, ne devait pas plus être permise, car nos mœurs et nos lois s'opposent à ce qu'un enfant appartienne légitimement à deux personnes étrangères l'une à l'autre. Il y aurait eu en outre à craindre qu'un père et une mère naturels n'adoptassent ensemble leur enfant, afin d'éluder la règle si sage de la légitimation par mariage subséquent ; ce qui eut été contraire au désir de la loi, aux bonnes mœurs, à l'intérêt général de la société, et même aux intérêts particuliers de l'enfant.

Il nous reste, avant de terminer ce paragraphe, une grave question à examiner. L'enfant naturel peut-il être adopté par son père ou par sa mère ? Si l'enfant naturel n'a point été reconnu l'adoption est possible, tout le monde l'admet ; mais s'il a été reconnu, soit volontairement, soit judiciairement, alors les opinions se partagent et l'une des plus vives controverses que le code Napoléon ait jamais soulevées s'engage sur cette question qui n'est certes pas l'une des moins importantes de notre droit. Après avoir étudié avec soin la question, scrupuleusement balancé dans notre esprit le pour et le contre, hésité d'abord en voyant des autorités comme Toullier et Merlin changer plusieurs fois d'opinion et la juridiction suprême de France ne sachant trop à quel parti s'arrêter, nous nous sommes rangé à l'opinion de ceux qui soutiennent la négative, personnellement convaincu que de ce côté étaient la vérité et la justice.

Quand une question s'élève sur un point que la loi n'a pas prévu, on doit rechercher les éléments d'une décision juridique, soit dans les principes spéciaux de la matière, soit dans les diverses règles établies çà et là dans nos lois qui pourraient présenter avec le point en litige ou des analogies ou des incompatibilités ; on doit enfin s'attacher à découvrir la pensée probable du législateur, et subsidiairement consulter les éternels principes de la morale et de l'équité. Or, nous trouvons dans ces quatre sources les motifs les plus graves en faveur de l'opinion que nous avons adoptée et nous allons essayer de les mettre en lumière.

1° Motifs tirés des principes mêmes de la matière.

A. Et tout d'abord de l'objet même de l'adoption nous tirons la conséquence que l'enfant naturel ne peut être adopté par l'auteur qui la reconnu. Qu'est-ce en effet qu'adopter ? Adopter, dans toutes les langues, signifie se faire un enfant de son choix d'un individu qui ne l'est pas par la nature, et dans la langue juridique, l'acte par lequel la loi *établit, crée* entre deux individus des liens civils de paternité et de filiation qui n'existaient pas. Or, nous le demandons, peut-on faire un enfant de son choix de celui qui l'est déjà à un titre bien plus puissant ; la loi peut-elle *créer* des rapports qui *existent* indépendamment d'elle et qu'elle a d'ailleurs déjà reconnus et sanctionnés ? Evidemment non ; la nature même des choses s'y oppose. Nous ne sommes donc pas ici en présence d'une incapacité légale, mais bien d'une impossibilité absolue, substantielle. Cette raison seule suffirait à excuser le silence de la loi, car l'impossible n'a point besoin d'être proscrit. On nous oppose, il est vrai, que l'adoption de l'enfant naturel par son auteur ayant été permise à Rome, c'est qu'il n'y a entre la parenté naturelle et l'adoption aucune incompatibilité essentielle. Nous ne trouvons pas cette objection sérieuse. Etant donnés l'organisation de la famille et le caractère de l'adoption romaines, nous comprenons très-bien qu'à Rome l'adoption de l'enfant naturel fut permise à son auteur. A Rome, en effet, la parenté naturelle ou cognation n'était rien, la parenté civile, l'agnation était tout. L'enfant légitime lui-même émancipé sortait de sa famille et devenait étranger civilement à son propre père. L'adoption conférait la puissance paternelle et tous les droits qui en dérivent, entraînait complète mutation de famille, absorbait pleinement l'enfant adopté dans la famille adoptive. A Rome donc l'adoption de l'enfant naturel par son auteur comme celle de l'enfant légitime émancipé, intervenant entre deux personnes légalement étrangères l'une à l'autre, et absorbant pleinement l'adopté dans la famille adoptive, ne lésait aucun principe. Mais dans notre droit la famille a une tout autre organisation et l'adoption un tout autre caractère. L'enfant naturel est légalement le fils de l'auteur qui l'a reconnu ; or, *filius meus magis filius meus fieri non potest* ; l'adoption laisse l'enfant adoptif dans sa famille naturelle, en sorte que nous aurions le même enfant ayant vis-à-vis de la même personne la double qualité d'enfant naturel et d'enfant légitime, ce qui engendrerait des droits incompatibles.

B. Des conditions imposées à l'adoptant et à l'adopté nous pourrions encore tirer des arguments favorables à la thèse que nous soutenons. En effet, la plupart d'entre elles ne peuvent ou n'ont pas lieu de s'appliquer à l'adoption de l'enfant naturel par son auteur, or nous en tirons cette conséquence que tout au moins l'adoption de l'enfant naturel est anormale, est contraire aux principes les plus élémentaires de l'adoption, qu'elle est restée en dehors des prévisions du législateur ; et nous ajoutons que, dès lors, elle est pour nous une exception qui ne pourrait être introduite que par un texte exprès, or ce texte n'existe pas, donc l'adoption de l'enfant naturel reconnu est prohibée pour son auteur.

2° Motifs tirés des incompatibilités qui existent entre les effets produits par l'adoption et la condition légale de l'enfant naturel telle qu'elle est réglementée par tous les textes qui s'en occupent.

La reconnaissance légalement faite a déjà donné à l'enfant naturel le nom de son auteur, a établi entre eux la dette alimentaire, a créé des prohibitions de mariage plus étendues que celles produites par l'adoption ; pour tous ces chefs, l'adoption est donc inutile. La reconnaissance produit encore un autre effet important, que n'établit à aucun degré l'adoption, la puissance paternelle. Quel but donc se propose-t-on dans l'adoption de l'enfant naturel? Le voici ; c'est de le faire héritier, c'est de lui assurer la part complète d'enfant légitime dans la succession de son auteur. Or ce but unique, ce but tout pécuniaire de l'adoption de l'enfant naturel qui répugne souverainement au caractère de l'adoption dont le but essentiel est de créer des rapports moraux et comme conséquence seulement de ceux-ci les rapports de fortune, ce but ne peut légalement être atteint de par les articles 338, 756, 757, 909 et 911. En effet, la loi a voulu, dans l'intérêt du mariage et des bonnes mœurs, établir une ligne de démarcation profonde entre les enfants naturels et les enfants légitimes. Aux premiers elle accorde tous les droits que réclament la nature et la justice, mais elle leur refuse ceux qui blesseraient la morale et les intérêts de la société. Or, en permettant l'adoption de l'enfant naturel à son auteur la loi eut détruit d'une main ce qu'elle édifiait de l'autre, et voilà pourquoi elle a défendu aux enfants naturels de recevoir au delà de la portion quelle leur assignait par donations, successions ou legs, ni directement ni indirectement. Mais, dit-on, ce n'est que l'enfant naturel que la loi frappe de l'incapacité de recevoir, or l'adoption relève l'enfant naturel du vice de sa naissance ; elle lui donne la qualité de fils adoptif, c'est à dire de fils civilement légitime et c'est en cette qualité qu'il vient à la succession de son auteur. Ceci n'est autre chose qu'un cercle vicieux, comme le remarque très-bien M. Marcadé : en effet, la réponse suppose la question résolue, c'est-à-dire l'adoption légalement accomplie et nous prétendons précisément que cette adoption ne peut légalement s'accomplir parcequ'elle serait une fraude à la loi. La loi n'a pas voulu autoriser la réhabilitation de l'enfant naturel par l'adoption ; elle ouvre une voie à l'enfant naturel pour sortir de sa condition, mais une seule, la légitimation par mariage subséquent. Par cette légitimation la morale outragée, la loi méconnue reçoivent une réparation directe, *adequate* à l'offense reçue, aussi nous la comprenons très-bien ; mais l'adoption ne répare point la faute originelle ; l'enfant reste toujours en dehors du mariage, la société n'a point sa légitime réparation. Voilà pourquoi la loi ne la veut point admettre.

Mais nous pouvons aller plus loin. Eh bien ! soit ; l'adoption est légalement accomplie, l'enfant naturel est devenu enfant adoptif : maintenant nous demandons si l'enfant naturel n'est pas toujours bâtard et si à côté de la parenté civile ne reste pas la parenté naturelle. Evidemment si, car tel est le caractère de notre adoption que l'enfant adopté ne s'absorbe point dans sa nouvelle famille, mais qu'il reste au contraire lié à sa famille naturelle aussi bien par la loi que par la nature. Quelle fausse position ! Quelles contradictions bizarres et quelles incompatibilités légales en naissent ! L'adoptant est à la fois père naturel et père adoptif : comme père adoptif il n'a point le droit de donner son consentement au mariage de son fils, il n'a point le droit de lui succéder ; comme père naturel ce double droit lui appartient. L'adopté est tout à la fois fils adoptif et bâtard ; comme fils adoptif il n'est point soumis à la puissance de l'adoptant, comme fils naturel il y est soumis ; comme fils adoptif il a droit dans la succession de l'adoptant à toute la part d'un enfant légitime, comme enfant naturel il n'en a qu'une portion variable suivant les cas. Or, si l'enfant naturel adopté reste bâtard il reste aussi soumis à l'article 908 de notre code, en vertu de cet article doit être forcément écarté dans sa prétention à la part d'enfant légitime sur la succession de son auteur.

Et qu'on ne nous dise pas que la capacité doit l'emporter sur l'incapacité ; cette règle qui pourrait peut-être ailleurs être bonne et généreuse serait dans notre hypothèse funeste et immorale ; car il s'agit ici d'une incapacité d'ordre public, d'une prohibition formulée nettement et dans l'intérêt des bonnes mœurs et de la plus essentielle des institutions sociales du mariage. Pour faire fléchir une incapacité prononcée d'après d'aussi puissants motifs, il faudrait, croyons-nous, un texte bien précis et ne permettant aucune équivoque ; or on ne nous offre qu'une maxime arbitraire et générale.

3° Pour nous la pensée du législateur est opposée à l'adoption de l'enfant naturel par l'auteur qui l'a reconnu.

Dans tous les articles du code qui traitent de l'adoption et dans tous ceux qui traitent de la condition de l'enfant naturel nous ne pouvons trouver un seul mot relatif à la question qui nous occupe. Or ce silence du code ne peut s'interpréter qu'en notre faveur, parce que d'après toute l'économie de nos lois sur la matière il est évident que cette adoption serait une exception; serait une adoption *sui generis*, ou plutôt, si je puis employer cette expression, une légitimation bâtarde, et les exceptions ne peuvent s'établir que sur un texte. Mais je dis plus, le législateur ne pouvait admettre cette exception sans se mettre en contradiction avec lui-même. Il venait d'introduire dans le titre précédent la légitimation par mariage subséquent et comme le *seul mode reconnu* de légitimation. Permettre à son auteur l'adoption de l'enfant naturel reconnu, n'eût-ce pas été fournir un moyen d'échapper subrepticement à cette règle dont la restriction est si sage ? Or, on ne saurait présumer que le législateur se soit contredit, ni qu'il ait voulu ouvrir lui-même une porte à la fraude.

Mais c'est surtout dans les discours préliminaires que la pensée du législateur nous paraît opposée à cette adoption. Les phrases suivantes que nous tirons des discours de MM. Berlier, Perreau et Gary la prohibent virtuellement. « *L'adoption est une* QUASI-PATERNITÉ *fondée sur* LE BIENFAIT *et la reconnaissance.* » (Berlier). Et où seraient dans l'adoption que nous combattons le bienfait et la reconnaissance ? Et comment la paternité fictive pourrait-elle s'accorder avec la paternité réelle ? M. Berlier encore, à propos de la condition de six ans de soins qu'il appelle des *services*, parle de l'oncle qu'on n'a pas voulu en dispenser vis-à-vis de son neveu tant elle est essentielle ; n'était-ce pas le moment d'ajouter : « le père naturel seul pourra être dispensé de cette condition vis-à-vis de son enfant reconnu. » Nous lisons dans le rapport au Tribunat : « *Telle est l'adoption qui, à* DÉFAUT *du* LIEN *que la nature a négligé de former ou a laissé rompre, vient en créer un pour unir deux êtres jusque là* ÉTRANGERS *l'un à l'autre en donnant à la* BIENFAISANCE *toute l'étendue de l'amour paternel* » et dans le discours prononcé au corps législatif par le tribun Gary : « *l'adoption est un bien pour celui qui adopte ; elle lui donne la qualité de père que la nature lui avait refusée* » et plus bas « *On ne voit dans l'adoption que la faculté de donner... Il s'agit bien de donner de* L'ARGENT : *ce sont les soins, les affections, c'est* SOI-MÊME *enfin qu'il faut donner, et voilà tout ce que donne le père adoptif.* » Nous demandons si l'adoption de l'enfant naturel par son auteur serait autre chose qu'une donation, qu'une question d'argent ; car les soins, les affections, le cœur, le père naturel les doit déjà en vertu des lois de la nature et même en vertu des lois civiles.

Enfin, dans les discussions préparatoires elles-mêmes, où les partisans de l'opinion adverse croient trouver un argument victorieux en faveur de l'adoption de l'enfant naturel reconnu par son auteur, nous trouvons au contraire un motif de plus en faveur de notre thèse ; car, s'il est vrai qu'un article ayant été proposé dans le but de défendre aux parents naturels l'adoption de leurs enfants reconnus a été rejeté, il faut dire aussi que le rejet de cet article a eu lieu dans une première phase des débats, alors qu'on voulait faire de l'adoption une imitation parfaite de la nature qui eut pleinement absorbé l'enfant adoptif dans la famille de l'adoptant. Dans ce système on aurait pu comprendre à la rigueur que, l'adoption de l'enfant naturel par son auteur n'ayant rien d'illogique, le législateur, en rejetant l'article ait en effet pensé autoriser cette adoption.

Mais, quand ce système fut abandonné, quand on ne voulut plus faire de l'adoption qu'une très imparfaite imitation de la nature, l'adopté restant dans sa famille naturelle avec tous ses droits antérieurs, et ses incapacités par conséquent, alors cette adoption devenait impossible, et M. Treilhard dit formellement ceci : « *l'inconvénient de couvrir les avantages qu'un père veut faire à ses enfants naturels n'a rien de réel.* EN EFFET, SI LES ENFANTS SONT RECONNUS, ILS NE PEUVENT ÊTRE ADOPTÉS » et ces paroles ont clos la discussion relative aux enfants naturels. La loi de l'adoption a donc été votée dans ce sens puisqu'aucune réclamation ne s'est élevée contre ces paroles. Donc le législateur a entendu prohiber l'adoption des enfants naturels reconnus.

4° Enfin l'adoption de l'enfant naturel par son auteur serait contraire aux bonnes mœurs et à l'institution du mariage.

L'enfant naturel est le fruit du désordre, voilà pourquoi la loi le frappe d'incapacité ; l'élever au rang de fils légitime en dehors du mariage serait porter à cette fondamentale institution la plus funeste atteinte et nous voyons que la loi prend au contraire ses précautions pour que l'adoption ne détourne pas du mariage.

Mais bien plus ! si l adoption des enfants naturels reconnus est permise, il n'y a aucune raison juridique pour que celle des enfants incestueux et adultérins ne le soit aussi : pourrait-on trouver quelque chose de plus triste pour les mœurs !

Mais, nous dit-on, c'est plutôt vous qui blessez l'équité ; car les parents naturels, afin de pouvoir adopter, s'abstiendront de reconnaître leur enfant et s'ils meurent avant d'avoir pu accomplir l'adoption, l'enfant se verra privé même des effets de la reconnaissance. Ce raisonnement, s'il était admis, entraînerait des conséquences que repousseraient assurément ceuxmêmes qui le soutiennent. Et, en effet, la reconnaissance rend l'enfant incapable de recevoir au-delà d'une certaine portion, les parents pour les relever de cette incapacité ne pourront-ils pas aussi s'abstenir de le reconnaître ? Il faudrait donc abolir encore cette incapacité d'un effet si moral et si salutaire cependant. La fraude est possible, c'est évident, mais elle pourra être déjouée et le résultat qu'elle obtiendra d'ailleurs n'étant pas avouable, comme le dit le savant Doyen de la Faculté de Caen, ne portera point à l'ordre public et aux bonnes mœurs cette atteinte profonde qu'ils eussent reçue de la violation ouverte et légalement autorisée de ces grands principes d'ordre public sur lesquels est fondée la distinction qui sépare l'enfant naturel de l'enfant légitime. Quant à l'enfant, victime innocente de la faute de ses auteurs, son sort ainsi compromis mérite certainement quelque pitié ; mais rappelons-nous que le législateur en se montrant trop généreux pour la victime se fût aussi d'un autre côté montré trop indulgent pour le coupable, et que les principes les plus justes et les plus moraux ont souvent des exigences pénibles.

SECTION II.

CONDITIONS DE L'ADOPTION RÉMUNÉRATOIRE.

L'adoption rémunératoire est celle qui a pour but de récompenser l'homme courageux qui a sauvé nos jours en exposant les siens.

Ainsi deux conditions sont essentiellement requises pour que cette adoption puisse avoir lieu. Il faut : 1° que l'adopté ait sauvé la vie de l'adoptant ; 2° qu'en accomplissant cet acte de dévouement il ait lui-même exposé ses jours.

Mais l'article 345 est-il limitatif ? En d'autres termes l'adoption rémunératoire n'est-elle permise qu'envers celui qui a sauvé la vie de l'adoptant, soit dans un combat, soit en le retirant des flammes ou des flots? Nous ne le croyons pas ; en effet la raison se refuse à admettre que celui par exemple qui se sera précipité sous le poignard des assassins pour sauver son semblable n'ait pas fait un acte aussi méritoire que celui qui aura sauvé son ami dans un véritable combat. La loi n'a entendu poser par ces exemples qu'un principe général qui ressort de lui-même du texte, c'est: que l'adopté ait sauvé la vie de l'adoptant par un *acte de pur dévouement* dans lequel il exposait *immédiatement* la sienne.

Cette règle ainsi posée, nous n'admettrions pas, comme quelques auteurs, que le médecin qui aurait sauvé la vie de son malade au péril même de la sienne, que l'avocat qui, dans des circonstances extraordinaires, aurait encouru lui-même ou l'exil ou l'échafaud en sauvant son client d'une accusation capitale aient suffisamment rempli les conditions de l'adoption rémunératoire. Nous ne trouvons point là en effet un acte de pur dévouement, car le médecin et l'avocat n'ont fait après tout que remplir dignement leur devoir ; et nous ne saurions y voir non plus ce danger immédiat qui ne laisse aucun doute sur l'intention héroïque, sur le sacrifice que fait de sa vie l'homme courageux qui s'y précipite. La loi a voulu restreindre l'adoption rémunératoire à *l'espèce* de dangers qu'elle a désignée, de peur de favoriser des abus. Or les dangers courus par le médecin, par l'avocat n'ont qu'une analogie très-éloignée avec ceux prévus par le texte ; il eût été fort souvent difficile d'en apprécier le juste caractère et cette appréciation plus ou moins sûre abandonnée aux tribunaux eut certainement ouvert la porte aux abus redoutés par le législateur.

Ces deux conditions fondamentales remplies, la loi se montre très-favorable à l'adoption rémunératoire et lui fait remise de plusieurs des conditions exigées pour l'adoption ordinaire.

Ainsi, il n'est pas nécessaire que l'adoptant ait cinquante ans ; il suffit qu'il soit majeur. La loi, avec justice, n'a pas voulu arrêter l'élan de la légitime reconnaissance de l'adoptant, ni différer la juste récompense que mérite la belle action de son sauveur.

Il n'est pas non plus nécessaire que l'adoptant ait quinze ans de plus que l'adopté ; il suffit qu'il soit plus âgé, ne fût-ce que d'un seul jour ; mais il faut au moins cette différence, car il eût été réellement monstrueux, comme dit le droit romain, que le père eût pu être plus jeune que le fils.

Enfin la condition de six ans de soins préalables n'est pas non plus exigée. Le dévouement dont l'adopté a fait preuve vis-à-vis de l'adoptant, la reconnaissance que celui-ci doit à son sauveur sont des garanties suffisantes de leurs mutuels sentiments.

Pour les autres conditions de droit commun l'adoption rémunératoire y reste soumise. Cependant, certains auteurs pensent qu'elle est aussi dispensée de la condition imposée par le 1° de l'article 344, qui prohibe l'adoption d'un même individu par plusieurs si ce n'est par deux époux. Les termes du dernier paragraphe de l'article 345 et surtout ceux dont se sert l'orateur du conseil d'état dans son discours au corps législatif paraissent favorables à cette opinion. Voici les paroles de M. Berlier ; « *Un citoyen sauve la vie à un autre... Qui n'applaudirait point à la faculté qu'aura l'homme sauvé d'acquitter sa dette en adoptant celui qui lui aura conservé la vie ? Ici le sentiment entraîne et le premier mouvement porte à rejeter* TOUTE *entrave,* TOUTE *condition* DANS UN CAS SI FAVORABLE. *Cependant*, ajoute l'orateur, *s'il est des conditions qui peuvent être remises, il en est d'autres que l'on ne peut effacer* » et il énumère les conditions insérées dans le 2° de l'art. 345 où ne figure point la prohibition du 2° de l'art 344.

SECTION III.

CONDITIONS DE L'ADOPTION TESTAMENTAIRE.

L'adoption testamentaire est une conséquence de la tutelle officieuse. C'est un privilège accordé au tuteur officieux mourant avant la majorité de son pupille en vertu duquel il peut lui conférer l'adoption, quoique mineur, et sans remplir les formalités ordinaires.

Voici les conditions spécialement exigées pour cette adoption.

Et tout d'abord, bien entendu, l'adoptant doit avoir rempli toutes les conditions exigées par les art. 361, 362, 363, 364 pour la tutelle officieuse, puisqu'au tuteur officieux seul est permise l'adoption testamentaire.

De plus il faut :

1° Que le testament n'ait été fait *qu'après cinq ans révolus* depuis le commencement de la tutelle (art. 366.)

Les cinq ans de tutelle sont requis pour le même motif qui a fait exiger six ans de soins et de secours dans l'adoption ordinaire.

La loi a toujours voulu que l'adoption fût la conséquence d'une affection sérieuse, solide, qui ait subi l'épreuve du temps, et qu'elle fût aussi méritée par une reconnaissance de longue date. Pour l'adoption rémunératoire seule elle s'est départi de cette exigence, les circonstances extraordinaires dans laquelle cette adoption a lieu faisant pour ainsi dire éclater dans l'âme de l'adoptant et de l'adopté les sentiments que le temps seul peut développer chez les autres. Si on exige pour l'adoption testamentaire un an de moins que pour l'adoption ordinaire, c'est sans doute en faveur de la tutelle officieuse qui est déjà un commencement d'adoption.

Du texte même de notre article il résulte que le testament fait *avant cinq ans révolus* depuis la tutelle ne serait pas valable, quand même le tuteur ne mourrait qu'après l'expiration des cinq ans, sans l'avoir révoqué. Le texte est formel. C'est donc une incapacité de droit dont est frappé le tuteur avant les cinq ans révolus ; or, un testament nul par défaut de capacité au moment de sa confection est toujours nul, lors même que le testateur serait devenu capable à l'époque de sa mort. La volonté du tuteur n'est pas réputée assez éclairée pour l'adoption avant les cinq ans, de même que celle du mineur n'est pas réputée assez mûre pour tester avant seize ans.

2° Que le tuteur officieux soit décédé avant la majorité du pupille (art. 366, 268 combinés). En effet au terme de l'article 366 c'est *seulement dans la prévoyance de son décès avant la majorité du pupille* que le tuteur officieux peut adopter par testament.

Cette adoption est une exception, un privilége, elle ne peut avoir lieu que quand le mode ordinaire est impossible. Or, quand le mineur est parvenu à sa majorité durant la vie du tuteur, le tuteur peut parfaitement remplir toutes les formalités de l'adoption ordinaire ; il est donc juste qu'il rentre dans le droit commun, comme l'exige du reste l'art. 368.

3° Que le tuteur adoptant ne *laisse* en mourant aucun descendant légitime.

Ainsi, il importe peu que le testateur ait eu des enfants au moment de la confection du testament ; il suffit qu'il n'en *laisse* point au jour de son décès pour que le testament soit valable et confère l'adoption. Ce n'est point en effet ici une question de capacité, mais de disponibilité. C'est dans l'intérêt seul des enfants que l'adoption testamentaire ne pourrait être valable ; or, cet intérêt n'existe plus quand les enfants sont morts ; il n'eut d'ailleurs pris naissance qu'à la mort du testateur.

L'adoption testamentaire ne nécessite point le consentement du conjoint du tuteur lorsqu'il est marié. L'art. 344, 2ᵉ alinéa, l'en dispense. Cela n'était point nécessaire dans l'espèce, l'adoption n'ayant d'effet que par le décès de l'adoptant, par conséquent après la dissolution du mariage.

Nous avons vu que l'adoption testamentaire ne peut s'appliquer qu'au mineur ; mais cette adoption doit être acceptée, et le mineur n'a point qualité pour accepter ou répudier ce legs. Ses représentants seront donc chargés d'accepter ou de répudier pour lui l'adoption qui lui est offerte. Mais comme d'un autre côté la qualité de fils d'une telle personne est chose trop grave pour être irrévocablement attribuée ou enlevée à un enfant qui n'était pas en état d'en apprécier les conséquences, la résolution prise par les représentants du mineur ne sera que provisoire, et l'enfant devenu majeur pourra revenir sur ce qui aura été fait, soit pour accepter l'adoption qui aurait été refusée, soit pour refuser celle qui aurait été acceptée.

L'adoption testamentaire reste d'ailleurs soumise aux autres conditions intrinsèques requises pour l'adoption ordinaire.

CHAPITRE II.

Formes de l'adoption.

Les formes de l'adoption ordinaire et de l'adoption rémunératoire sont les mêmes ; l'adoption testamentaire a les siennes propres. Nous allons examiner séparément les unes et les autres.

SECTION Ire.

FORMES DE L'ADOPTION ORDINAIRE ET DE L'ADOPTION RÉMUNÉRATOIRE.

Ces formes se rattachent à trois faits principaux : 1° la passation de l'acte ; 2° l'homologation de la justice ; 3° l'inscription du contrat sur les registres de l'état civil.

1° *Passation de l'acte.*

La personne qui se propose d'adopter et celle qui veut être adoptée se présenteront devant le juge de paix du domicile de l'adoptant pour y passer acte de leurs consentements respectifs. (art. 353).

Nous avons défini l'adoption un contrat solennel ; voilà une des parties de cette solennité, le consentement donné solennellement devant le juge de paix. Nous savons que Napoléon avait d'abord voulu que l'adoption fût une véritable loi, émanant du pouvoir législatif, comme l'adrogation romaine. Mais le législateur a eu raison de préférer un système plus simple et surtout bien plus praticable qui donne d'ailleurs toutes les garanties que l'on peut désirer.

C'est devant le juge de paix du domicile de l'adoptant que doit se passer le contrat. Il est en effet convenable que l'adopté, qui est majeur, se présente devant le juge de paix du domicile de son père adoptif. Et d'ailleurs, l'homologation de ce contrat devant être soumise au tribunal de première instance et à la cour du domicile de l'adoptant, parce que ces tribunaux seront évidemment plus à même de vérifier si l'adoptant jouit d'une bonne réputation, il est bien naturel que toutes les formalités s'accomplissent dans le même ressort.

Les parties ont donné leur consentement devant le juge de paix, le juge de paix a dressé acte de cette convention, le contrat est formé.

Le contrat est *formé* ; ainsi l'adoptant comme l'adopté sont obligés ; le *vinculum juris* existe ; l'un ne peut s'en départir sans le consentement de l'autre ; celui qui y tient le plus peut à lui seul poursuivre l'accomplissement des formalités qui restent exigées pour sa perfection.

Ainsi encore, c'est au moment de la passation de l'acte qu'il faut se reporter pour apprécier la capacité des parties. Une fois l'acte conclu devant le juge de paix, les parties peuvent être atteintes de folie, frappées d'interdiction, l'adoptant peut mourir, la procédure suivra néanmoins son cours à la diligence de l'une ou des représentants de l'une des parties ou bien des deux, et l'adoption sera maintenue s'il y a lieu. Cette solution est formellement établie par l'art. 366 ainsi conçu : « *Si l'adoptant venait à mourir après que l'acte constatant la volonté de former le contrat d'adoption a été reçu par le juge de paix et porté devant les tribunaux, et avant que ceux-ci aient définitivement prononcé, l'instruction sera continuée et l'adoption admise s'il y a lieu.....* » Il est vrai que plusieurs auteurs argumentant de ces mots de notre article : « *et porté devant les tribunaux* » soutiennent que les conditions auxquelles est surbordonnée l'adoption doivent exister, non seulement au moment de la passation de l'acte devant le juge de paix, mais encore au moment de la présentation de cet acte aux tribunaux. Mais cette interprétation du texte nous paraît trop rigoureuse ; il est évident que le législateur n'a point prévu le cas où l'adoptant mourrait dans l'intervalle si court qui sépare la première formalité de la seconde, et si, en insérant ces mots dans l'art. 360, il eût eu la pensée de déjouer les manœuvres coupables qui auraient pu surprendre une adoption *in extremis*, il eût modifié pour cette espèce l'art. 354 qui permet aussi bien à l'adopté qu'à l'adoptant cette remise de pièces.

Le contrat est *formé* ; mais il n'est pas *parfait*. La justice peut refuser son homologation, alors il n'y aura rien de fait. Les parties elles-mêmes conservent le droit de se départir du contrat par un mutuel accord ; elles n'ont pour cela qu'à laisser passer les délais sans agir ; même après l'homologation du contrat par la Cour, elles peuvent encore laisser le contrat sans effet, puisque l'adoption n'est parfaite que par son inscription sur les registres de l'état civil et que c'est aux seuls contractants qu'est abandonné le soin de requérir cette inscription.

Mais il faut bien remarquer ceci : c'est que, une fois toutes les conditions exigées par la loi remplies, elles rétroagiront au jour même de la passation du contrat devant le juge de paix et que les effets de l'adoption remonteront à cette date.

2° *Homologation de justice.*

Le contrat d'adoption est un acte de l'état civil ; il crée des rapports de paternité et de filiation ; il change l'ordre naturel et légal des successions. Il importait donc que l'autorité publique intervint, et pour vérifier si toutes les conditions, qui pour la plupart sont exigées dans des intérêts d'ordre public, avaient été remplies, et pour donner à ce grand contrat une sanction qui lui imprimât un grand caractère. C'est au corps judiciaire que le législateur a confié cette importante et délicate mission qui à Rome était attribuée aux Comices et dont Napoléon voulait investir l'autorité législative. Le tribunal de première instance d'abord, la Cour ensuite, sont appelés à connaître de l'adoption et à prononcer sur son sort. Voici comment se pratique cette procédure toute spéciale.

Dans les dix jours qui suivent la passation du contrat devant le juge de paix, la partie la plus diligente en remet une expédition entre les mains du Procureur de la République près le tribunal de première instance dans le ressort duquel se trouve le domicile de l'adoptant. Le tribunal se réunit dans la chambre du conseil et, après s'être procuré les renseignements convenables, vérifie 1° si toutes les conditions de la loi sont remplies; 2° si la personne qui se propose d'adopter jouit d'une bonne réputation : puis, le Procureur de la République entendu, sans aucune autre forme de procédure, le tribunal prononce, sans énoncer de motifs, en ces termes ; « *Il y a lieu* ou *il n'y a pas lieu à l'adoption.* » Voilà la procédure devant le tribunal de première instance.

Dans le mois qui suit le jugement du tribunal, ce jugement est soumis à la Cour, sur les poursuites encore de la partie la plus diligente ; et la Cour, après avoir instruit dans les mêmes formes que le tribunal de première instance, prononce également sans énoncer de motifs : le *jugement est confirmé* ou *le jugement est réformé ; en conséquence il y a lieu* ou *il n'y a pas lieu à l'adoption.*

Tout arrêt de la Cour qui admet une adoption doit être prononcé à *l'audience* et *affiché* en tels lieux et à tel nombre d'exemplaires que la Cour le jugera convenable.

Nous remarquons dans toute cette procédure que, jusqu'à ce que l'adoption soit définitivement admise, la loi prend le plus grand soin pour que la réputation de la personne qui se propose d'adopter soit sauvegardée, et pour garantir aussi la complète indépendance des magistrats dans une question aussi délicate. C'est dans le secret de la chambre du conseil qu'à lieu la délibération, que parle le ministère public ; les juges ne s'informent que par des renseignements personnels, on ne dresse aucun écrit, le jugement ou plutôt l'homologation ou le refus d'homologation se donne sans aucun énoncé de motifs. Tout se fait mystérieusement. Mais quand la Cour d'appel a définitivement admis l'adoption, alors au contraire il est nécessaire de donner une grande publicité à un acte qui entraîne une modification importante dans l'état des parties, et voilà pourquoi la décision favorable de la Cour doit être prononcée à l'audience et affichée en autant de lieux qu'il est jugé convenable.

Nous remarquerons aussi que c'est toujours la partie la plus diligente qui a le droit d'agir. Ainsi l'acte d'adoption peut très-bien être remis au Procureur de la République près le tribunal de première instance par l'adoptant, et le jugement du tribunal de première instance au procureur général près la cour d'appel par l'adopté, ou vice versa.

Mais les deux délais établis par les articles 354 et 357 sont-ils de rigueur ? En d'autres termes, les parties encourent-elles la déchéance si elles restent dans l'inaction pendant l'un ou l'autre de ces délais de dix jours ou d'un mois ? La loi ne le dit point, tandis qu'elle prend soin de s'en expliquer pour le délai de trois mois relatif à l'inscription sur les registres de l'état civil ; aussi serait-il permis d'en douter. On pourrait néanmoins se demander pourquoi la loi aurait pris la peine de fixer des délais si on pouvait impunément n'en pas tenir compte. Et l'importance qu'il y a à ce que les rapports nouveaux que doit créer l'adoption soient promptement et irrévocablement fixés, la considération que, dans une matière exceptionnelle comme l'adoption, on doit rigoureusement s'attacher aux prescriptions de la loi donnent un certain poids au système qui soutient l'affirmative.

Mais ce qui ne peut faire l'ombre d'un doute c'est que, en exigeant la décision de la cour d'appel ainsi que celle du tribunal de première instance, la loi n'a point voulu soumettre l'adoption à une *double homologation*, de sorte que l'adoption rejetée par le tribunal de première instance eût été définitivement écartée. La cour est toujours appelée à donner son homologation, que le tribunal de première instance ait admis ou rejeté l'adoption, et sa décision est souveraine, soit qu'elle confirme, soit qu'elle réforme le premier jugement.

Il nous reste à dire que dans le cas de l'article 360 il se produit au cours de la procédure un incident particulier ; les héritiers de l'adoptant sont admis, s'ils croient l'adoption inadmissible, à remettre au procureur de la République tous mémoires et observations à ce sujet. Ils peuvent en effet agir par ce qu'ils ont un intérêt né et actuel.

3° Inscription du contrat sur les registres de l'état civil.

L'adoption crée entre deux individus les relations de père à fils ; elle produit une véritable *naissance civile* ; il est donc rationnel de constater *cette naissance* sur les registres de l'état civil. De là l'art. 359 : « Dans les trois mois qui suivront ce jugement (l'arrêt de la cour) l'adoption sera inscrite, à la réquisition de l'une ou de l'autre des parties, sur le registre de l'état civil du lieu où l'adoptant sera domicilié. Cette inscription n'aura lieu que sur le vu d'une expédition en forme du jugement de la Cour impériale et l'adoption restera sans effet, si elle n'a été inscrite dans ce délai. » Ce qui doit être inscrit, d'après le texte, c'est l'adoption ; d'où l'on peut conclure que l'officier de l'état civil devra transcrire sur ses registres et le contrat passé devant le juge de paix et l'arrêt d'homologation de la cour ; car l'adoption n'est à proprement parler ni le contrat, ni l'arrêt d'homologation, mais le contrat homologué par l'arrêt. Le délai de trois mois est fatal. S'il est écoulé, l'adoption ne peut plus être valablement inscrite : c'est un contrat nul, aucun effet n'a pu être produit. Mais, une fois l'inscription effectuée, l'adoption est parfaite, irrévocable, le consentement mutuel ne pourrait plus la dissoudre.

On pourrait néanmoins l'attaquer si l'une des conditions prescrites pour sa validité, pour son existence juridique n'avait pas été accomplie ; car dans ce cas l'adoption ne serait pas révoquée mais annulée, ce qui est bien différent.

SECTION II.

FORMES DE L'ADOPTION TESTAMENTAIRE.

Comme son nom l'indique, cette adoption privilégiée se fait par testament. Peu importe que ce soit par testament authentique, mystique ou olographe. Pour conférer l'adoption, le testament doit être valable ; il peut comme tout testament être révoqué tant que le testateur existe. La loi ne soumet point cette adoption à l'homologation des tribunaux ni à l'inscription sur les registres de l'état civil.

CHAPITRE III.

Effets de l'adoption.

Nous distinguerons sous ce chapitre, pour plus de méthode, 1° les effets généraux que produit l'adoption et qui constituent son caractère dans notre droit, 2° ses effets particuliers ou les rapports qu'elle établit entre l'adoptant et l'adopté.

SECTION Ire.

EFFETS GÉNÉRAUX DE L'ADOPTION.

1° L'adoption parfaite est irrévocable. Nous avons vu que le droit romain admettait un principe contraire. Cela devait être, puisqu'à Rome la famille naturelle elle-même n'était pas indissoluble au point de vue du droit civil. L'émancipation rompait les liens d'agnation, qu'ils aient été formés par la loi d'accord avec la nature ou par la loi seule. Mais dans notre droit les liens de la famille ne peuvent point être brisés par la loi, l'émancipation se borne à relâcher seulement sur quelques points le frein de la puissance paternelle. Il était donc juste qu'en cela du moins l'adoption imitât la nature, afin que l'état de famille dont la stabilité est si nécessaire ne fût pas exposé à de funestes perturbations.

Ainsi l'adoption ne sera point révoquée comme les donations par la survenance d'un enfant légitime de l'adoptant (à moins qu'il n'ait été conçu avant la passation du contrat chez le juge de paix) ; ni pour cause d'ingratitude ; ni pour inexécution des conditions que les parties auraient pu stipuler au contrat. L'adoption ne pourrait pas davantage être révoquée, quoi qu'en ait dit Toullier, par le consentement mutuel de l'adoptant et de l'adopté, et cela quand bien même ils suivraient pour rompre le contrat toutes les formalités qui ont été employées pour le former. L'adoption en effet est bien loin d'être un contrat ordinaire ; ce n'est ni une donation, ni une institution contractuelle d'héritier, c'est un acte de l'état civil, un contrat de droit privé, il est vrai, mais auquel l'autorité judiciaire a donné sa sanction, et qui a établi des rapports fictifs mais légaux de paternité et de filiation. Il suffit du reste de lire les discours préliminaires, notamment celui du tribun Gary, pour se convaincre que le législateur voulait faire de l'adoption un contrat irrévocable et que c'est pour cette raison que les majeurs seuls peuvent être adoptés.

2° L'adopté reste dans sa famille et y conserve tous ses droits. (art. 348).

Ainsi le système primitif des Romains qui faisait de l'adoption une imitation complète de la nature, et que préconisait Napoléon Ier, a été abandonné, et cela avec raison ; car vouloir imiter jusqu'à ce point la nature eût été à un autre point de vue en méconnaître les droits les plus sacrés et les plus inviolables.

Les rapports de l'adopté envers sa famille naturelle sont donc maintenus, et de même qu'il conserve les droits que donnent les liens du sang, de même il reste soumis aux devoirs que ces mêmes liens imposent.

Ainsi il succède à ses parents et ses parents lui succèdent comme s'il n'était pas intervenu d'adoption.

Ainsi le droit aux aliments et l'obligation de les fournir subsistent entre lui et ses ascendants.

De même encore il reste toujours soumis à la puissance de ses père et mère naturels, et c'est leur consentement ou celui de ses ascendants qu'il doit obtenir pour contracter mariage.

3° L'adopté n'entre pas dans la famille de l'adoptant et réciproquement l'adoptant ne contracte aucun lien avec les parents de l'adopté.

L'adoption est un contrat tout personnel à l'adoptant et à l'adopté, eux seuls s'obligent vis-à-vis l'un de l'autre. Cela est rationnel, car c'est la nature qui fait les familles, et comment eût-on pu accorder à un simple contrat cet effet exorbitant d'introduire dans une famille qui n'y aurait point consenti, et dans tous ses degrés, un individu que la nature n'y avait point placé ?

Du principe que l'adopté n'entre pas dans la famille de l'adoptant il résulte : 1° que l'adopté ne doit point d'aliments aux ascendants de l'adoptant et réciproquement qu'il n'a point droit d'en exiger d'eux, car la dette alimentaire est réciproque ; 2° qu'il n'acquiert aucun droit de successibilité sur les biens des parents de l'adoptant (art. 350). Ainsi, si l'adoptant vient à décéder avant ses père et mère ou autres ascendants, il ne pourra pas le représenter dans la succession de ceux-ci, car il n'a de son chef aucune vocation à cette hérédité et la représentation n'est admise que dans ce cas.

Du principe que l'adoptant ne contracte aucun lien de parenté avec les parents de l'adopté, il résulte : 1° que l'adoptant ne doit point d'aliments aux enfants de l'adopté et réciproquement qu'il n'a pas le droit d'en exiger d'eux : 2° que ceux-ci ne peuvent à aucun titre, c'est à dire, ni de leur chef, en cas de renonciation ou d'indignité de l'adopté, ni par représentation, en cas de prédécès de leur père, prétendre à la succession de l'adoptant.

Cette double conséquence toutefois est vivement contestée. On argumente du droit romain, du but de l'adoption qui est de créer une paternité fictive à l'image de la paternité réelle, du nom de l'adoptant que l'adoption transmet à l'adopté et à ses descendants, des prohibitions de mariage existant entre l'adoptant et les descendants de l'adopté, de l'obstacle qu'oppose au droit de retour la présence des descendants de l'adopté prédécédé. Nous reconnaissons que ce système serait peut-être en effet plus juste, plus en rapport avec le but tout généreux de l'adoption, plus conforme aux désirs probables de l'adoptant lui-même. Néanmoins nous ne trouvons pas les arguments qu'on nous oppose assez concluants pour entraîner notre conviction en présence des textes positifs de notre titre et du caractère de cette institution qui, *sortant des règles du droit commun*, comme le dit Toullier lui-même, *ne peut produire d'autres effets que ceux que la loi y a expressément attachés, sans qu'on y puisse donner d'extension*. Or il suffit de comparer l'art. 349 avec les art. 205 et 207 pour voir que la loi n'a point entendu établir la dette alimentaire entre l'adoptant et les enfants de l'adopté, car, comme le remarque très-bien M. Demolombe, s'il était nécessaire de s'expliquer, c'était bien plutôt sans doute pour imposer l'obligation alimentaire aux enfants de l'adopté envers l'adoptant qui leur est étranger, que pour l'imposer aux petits enfants envers leurs aieuls et aieules qui leur sont attachés par les liens du sang, or l'art. 349 ne parle que de l'*adoptant* et de l'*adopté* et entend bien évidemment restreindre à eux seuls l'obligation alimentaire.

Et quant au droit de successibilité, et de représentation comme suite, la comparaison de l'article 350 avec les articles 745 et 759 démontre encore d'une façon évidente que la loi n'a point voulu étendre ce droit aux descendants des enfants adoptifs, car l'art. 350 n'établit la successibilité qu'entre l'*adopté* et l'*adoptant*, tandis que l'art. 745 dit : « les enfants ou *leurs descendants* succèdent à leur père et mère, aïeuls ou aïeules, etc, et l'art. 759 appelle les *enfants* ou *descendants* de l'enfant naturel reconnu prédécédé à recueillir dans la succession de son auteur, par voie de représentation la portion fixée par l'art. 751. Or, les mêmes motifs que nous avons exposés dans l'hypothèse précédente militent encore ici en notre faveur ; et nous voyons que quand la loi veut créer une vocation à une succession (dans le cas des descendants de l'enfant naturel) elle prend soin de s'en expliquer expressément. Or ni au titre de l'adoption ni à celui des successions nous ne trouvons de texte appelant à la succession de l'adoptant les enfants de l'adopté.

L'argument qu'on veut tirer du droit romain où la descendance de l'adopté était liée à l'adoptant ne prouve rien ; car notre adoption est bien loin d'avoir suivi tous les principes qui régissaient l'adoption justinienne elle-même.

Que si l'on invoque l'intention qu'a dû se proposer l'adoptant de se créer une famille, de s'attacher par conséquent comme descendance civile même la postérité de l'adopté, intention conforme au but de l'adoption, nous répondrons que la loi eût certainement bien fait d'imiter l'adoption romaine et l'adoption prussienne qui ont textuellement prévu le cas, mais que, précisément en gardant le silence sur ce point, elle a entendu s'écarter de ce système ; que, n'établissant point la dette d'aliments entre l'adoptant et les enfants de l'adopté, elle a bien reconnu qu'il n'existait pas de relation de parenté entre eux, puisque cette dette existe même entre certains alliés qui n'ont entre eux aucun droit de successibilité.

De ce que le nom de l'adoptant est conféré ou plutôt passe aux descendants de l'adopté comme à l'adopté lui-même on ne saurait rigoureusement conclure à l'existence de la parenté ; car, en effet, l'adopté porte tout aussi bien le nom du père de l'adoptant auquel il n'est cependant uni par aucun lien de parenté, l'enfant naturel porte aussi le nom du père de l'auteur qui l'a reconnu et ne lui est nullement parent; enfin, on peut ajouter, ce qui est plus décisif, que les enfants de l'adopté ne prennent le nom de l'adoptant que parce qu'il appartient à leur père, et qu'il est de principe que les enfants portent le nom de leur père.

Le fait que le mariage est prohibé entre l'adoptant et l'adopté et les descendants de ce dernier est encore moins décisif ; car la même prohibition existe entre les enfants adoptifs d'un même individu, entre l'adopté et les enfants légitimes qui pourraient survenir à l'adoptant, et personne n'oserait prétendre qu'il existe entre ces derniers un lien de parenté quelconque.

Et quant à l'obstacle qu'opposent les enfants de l'adopté au droit de retour établi au profit de l'adoptant ou de ses descendants légitimes, il ne prouve pas davantage qu'il existe un lien de parenté entre eux et l'adoptant, car, entre le droit de *conserver*, quand ils succèdent à leur auteur, les biens que l'adoptant lui avait donnés, qui lui étaient acquis, et le droit d'*acquérir* tous les biens de l'adoptant, à l'exclusion de ses ascendants, de ses frères et sœurs, il y a une différence essentielle qui ne permet pas de conclure du premier au second. D'ailleurs les enfants légitimes de l'adoptant recueillent aussi dans la succession de l'adopté les choses qui proviennent à celui-ci de l'adoptant et nul ne prétend que les enfants légitimes de l'adoptant soient les parents de l'adopté.

Il paraît donc évident que les rédacteurs du code Napoléon n'ont entendu faire de l'adoption qu'un contrat purement personnel entre l'adoptant et l'adopté et qu'il est, malheureusement selon nous, non seulement impossible de trouver dans la loi un texte qui permette de reconnaître l'existence d'un lien juridique de parenté entre l'adoptant et la descendance légitime de l'adopté, mais que plusieurs textes au contraire repoussent, implicitement tout au moins, l'existence de ce lien. Mais, nous le répétons, nous eussions aimé à voir le code introduire, en faveur de la descendance en ligne directe de l'adopté, une exception au principe, juste d'ailleurs, que l'adoptant ne contracte aucun lien avec les parents de l'adopté.

Il nous reste à faire observer, comme nous avons déjà eu occasion d'en parler incidemment dans la discussion précédente, que, si l'adoptant et l'adopté restent étrangers aux parents l'un de l'autre, la loi établit néanmoins des empêchements de mariage entre l'adoptant et les descendants de l'adopté, entre les enfants adoptifs d'un même individu, entre l'adopté et les enfants qui pourraient survenir à l'adoptant, entre l'adopté et le conjoint de l'adoptant, et réciproquement entre l'adoptant et le conjoint de l'adopté (art. 348).

Ces empêchements qui ne sont point fondés sur la parenté, ni sur une alliance civile, s'expliquent par des raisons de haute convenance et par des considérations morales. Le législateur a voulu respecter cette sorte d'*affinité morale* établie par l'adoption entre les personnes de cette qualité et enlever aux passions que les rapports physiques de cohabitation pouvaient allumer l'aliment que leur eut donné l'espoir du mariage (M. Berlier, exposé des motifs).

Mais nous croyons au reste que cet empêchement ne serait que prohibitif et que, par conséquent, le mariage conclu au mépris de l'article 348 ne pourrait être annulé; il est en effet de principe que, en matière de mariage, il n'y a de nullités que celles établies par un texte formel et positif. Or il n'est nullement question de cet empêchement au chapitre IV du titre du mariage.

SECTION II.

EFFETS PARTICULIERS DE L'ADOPTION ENTRE L'ADOPTANT ET L'ADOPTÉ.

Nous examinerons d'abord les effets que l'adoption produit entre l'adoptant et l'adopté de leur vivant, puis les effets qu'elle produit après la mort de l'un d'eux relativement à la succession du prédécédé.

A. *Effets entre vifs.*

Le principal effet de l'adoption est de rendre par fiction l'adopté civilement l'enfant de l'adoptant. De là diverses conséquences dont les trois suivantes ont leur effet du jour même de l'adoption.

1° L'adopté prend le nom de l'adoptant et l'ajoute au sien propre. (art. 347). C'est là le signe des liens que l'adoption vient de créer, et cette transmission de nom est aussi l'un des buts que se propose l'adoptant, car souvent ce ne sera pas seulement pour s'attacher l'affection de l'adopté, mais encore pour conserver son nom que l'homme recourra à cette fiction de la paternité. Nous devons remarquer que l'adopté garde aussi son nom propre, car il reste dans sa famille naturelle, et que c'est le nom personnel de l'adoptant qu'il ajoute au sien ; ainsi, si l'adoptant est une femme mariée, ce sera son nom de fille et non celui qu'elle tient de son mari que prendra l'adopté.

2° Le mariage est prohibé entre l'adoptant et l'adopté (art. 328). Ici cette prohibition n'est plus seulement fondée sur des raisons de convenance, sur une affinité morale, mais bien sur une véritable parenté civile ; car l'adoptant et l'adopté sont légitimement père et fils aux yeux de la loi ; nous serions donc porté à croire que quant à eux l'empêchement ne devrait pas être seulement prohibitif mais encore dirimant.

3° Enfin l'adoptant et l'adopté contractent réciproquement l'obligation de se fournir des aliments (art. 349).

C'est la légitime conséquence des liens de père à enfant qui les unissent ; la morale la réclame aussi. Mais l'enfant n'est point pour cela libéré de la même dette vis-à-vis des auteurs de ses jours, ni même de ses autres ascendants ; pour les premiers l'article 249 le dit expressément ; pour les seconds cela résulte du principe qui veut que l'adopté reste toujours dans sa famille naturelle.

Nous avons déjà dit que cette obligation se bornait à l'adoptant et à l'adopté et qu'il n'était point permis de l'étendre par des arguments d'analogie.

L'adopté devant les aliments comme s'il était un enfant né en mariage les devra conjointement avec les enfants légitimes qui auront pu survenir à l'adoptant et avant les ascendants de celui-ci. Quant à l'adoptant, comme il n'a aucun droit à la succession de son adopté, il est juste qu'il ne soit tenu de fournir des aliments à son fils adoptif qu'après les descendants légitimes ou adoptifs de ce dernier et même après ses ascendants légitimes. Mais le père adoptif devrait les aliments avant aucun allié, car il a le titre de père qui doit le lier plus étroitement.

Ces trois effets sont les seuls que, d'après les textes, l'adoption produise entre vifs. Ainsi l'adoptant n'a aucun des attributs de la puissance paternelle sur son enfant adoptif. Il n'a donc point le droit de consentir à son mariage et cela quand bien même tous les ascendants de l'adopté seraient décédés. Dans ce cas cependant il n'y aurait eu aucun inconvénient à transférer à l'adoptant, qui tient désormais lieu à l'adopté de sa famille naturelle, un droit qu'elle ne peut plus exercer ; et il eut été sage à la loi d'attribuer au père adoptif un pouvoir, alors légitime, et dont l'effet pourrait être salutaire à l'adopté.

Les rapports de paternité et de filiation créés par l'adoption ne sont donc point parfaits, puisque d'abord ils sont tout personnels à l'adoptant et à l'adopté, ne s'étendant même pas aux descendants de celui-ci, et que même entre l'adoptant et l'adopté ils sont encore limités. Toutefois, le fils adoptif meurtrier de l'adoptant est traité de parricide par l'article 599 du code pénal, et nous pensons, avec M. Demolombe, que les différentes dispositions de nos codes créant entre les père et mère et leurs enfants certaines prohibitions, présomptions ou incapacités, certaines aggravations ou diminutions de peines fondées sur un ordre de sentiments et de devoirs, de communauté d'intérêts qui accompagnent la paternité doivent s'appliquer entre l'adoptant et l'adopté. Dans ces divers cas, en effet, l'analogie semble naturelle, il n'y a aucune raison de croire que le législateur ait voulu la prohiber, car son silence s'explique aisément par cette raison que l'adoption étant un fait assez rare en pratique devait souvent échapper à sa pensée.

B. *Effets à cause de mort.*

Deux hypothèses se présentent ; soit le prédécès de l'adoptant, soit le prédécès de l'adopté.

1re HYPOTHÈSE ; PRÉDÉCÈS DE L'ADOPTANT. Voici les termes de l'article 350 qui règle cette hypothèse: « *L'adopté n'acquerra aucun droit de successibilité sur les biens des parents de l'adoptant ; mais il aura sur la succession de l'adoptant les* MÊMES DROITS *que ceux qu'y aurait l'enfant* NÉ EN MARIAGE, *même quand il y aurait d'autres enfants de cette dernière qualité nés depuis l'adoption.* »

Cet effet de successibilité est assurément l'un des plus importants de tous ceux produits par l'adoption, néanmoins nous répétons que nous sommes bien loin et qu'il faut bien se garder de le considérer comme le but principal de l'adoption. L'adoption est une institution éminemment et essentiellement morale dont le but est de donner un enfant à celui qui en est privé ; les avantages pécuniaires qu'elle établit au profit de l'adopté ne sont qu'une conséquence des rapports moraux, des relations de parenté civile qui unissent légalement l'adoptant et l'adopté.

De cette façon d'envisager l'adoption, qui est la plus juste, car plusieurs textes la favorisent, — et ce serait d'un autre côté vraiment faire injure à nos lois que de ne leur jamais prêter que des intentions matérialisées, — il résulte, comme nous avons déjà eu et comme nous aurons encore occasion de le constater, des conséquences pratiques d'une assez grande importance. Voilà pourquoi nous avons voulu insister sur ce point.

Mais revenons à notre article : il est très clair, néanmoins il importe d'en remarquer et d'en peser chaque terme.

L'adopté n'acquiert aucun droit de successibilité sur les biens des parents de l'adoptant. C'est une conséquence de ce principe que l'enfant adoptif n'entre pas dans la famille de l'adoptant.

Mais pour ce qui est de la succession de l'adoptant lui-même, l'adopté acquiert sur elle *les mêmes droits* qu'un enfant *né en mariage*, c'est à dire que, par rapport à l'adoptant, l'adopté est réputé fils légitime.

Donc, il exclut et tous les parents collatéraux de l'adoptant, et ses père et mère ou autres ascendants qui ne peuvent même pas réclamer de réserve car ils n'en auraient pas en face d'un enfant légitime.

Donc, il concourt avec les autres enfants adoptifs de l'adoptant et même avec les enfants légitimes qui auraient pu survenir à l'adoptant depuis le contrat d'adoption ; l'article 350 prend la peine de le dire textuellement pour lever toute espèce de doute. Cette règle est fort juste, car tout ce qui tient à l'état des hommes doit être immuable et indépendant des événements postérieurs, et la condition de fils adoptif, comme le dit M. Gary, eût été vraiment déplorable et malheureuse si la survenance d'un enfant né dans le mariage eût dû le dépouiller d'un nom que la loi lui avait donné et le frustrer dans toutes les espérances que la loi l'avait autorisé à concevoir.

Donc, encore, l'enfant adoptif réduira à la portion déterminée par l'article 757 l'enfant naturel reconnu de l'adoptant.

Donc enfin il aura droit à une réserve et à la même réserve que l'enfant légitime, car il n'y en a qu'une, et comme le droit à la réserve emporte nécessairement le droit d'agir en réduction contre les actes de libéralité qui l'auraient entamée, car sans cela il n'y aurait vraiment pas de réserve, l'adopté comme le fils légitime pourra faire réduire non seulement les legs, mais encore les donations entre vifs, et sans distinguer si elles sont postérieures ou antérieures à l'acte d'adoption.

Certains auteurs cependant, en basant leur système sur le mot *succession* de notre article, ont prétendu que les droits de l'adopté, se bornant aux biens laissés par le défunt, ne comprenaient pas ceux qui en étaient sortis par libéralités entre vifs, que l'adopté par conséquent pouvait bien exercer l'action en réduction sur les legs, mais qu'il ne le pouvait pas sur les donations ; mais c'est là une erreur, car le code, en réglementant le droit de réduction, détermine de quelle façon se fait la formation de la masse des biens, afin de savoir sur quelle base calculer la quotité disponible et par corrélation la réserve, et il n'admet qu'une seule manière de former cette masse. Voici comment on procède d'après l'article 922 où se trouvent exposées ces règles : « *On réunit fictivement aux biens existant au décès du donateur* CEUX DONT IL A ÉTÉ DISPOSÉ PAR DONATIONS ENTRE VIFS... *et on calcule sur* TOUS CES BIENS,.. *qu'elle est, eu égard à la qualité de l'héritier, la quotité disponible.* » Ainsi les biens donnés entre vifs, considérés par rapport à la réserve, font *partie de la succession*, en vertu d'une fiction c'est vrai, mais sans laquelle la réserve n'eut été qu'un vain mot. Que serait en effet une réserve que les donations entre vifs pourraient non seulement entamer mais même épuiser complètement ? Ainsi le mot *succession* de notre article 350 n'établit aucun désaccord avec l'article 922 qui comprend précisément *dans la succession*, pour le calcul de la réserve, les biens dont le défunt a disposé par donations entre vifs. On ne pourrait donc se baser sur ce mot seul pour créer un nouveau mode de calculer la quotité disponible, pour faire une nouvelle réserve, toute spéciale à l'enfant adoptif, et cela surtout en face de la règle si claire de l'article 350 qui veut que l'enfant adopté ait *les mêmes droits* que l'enfant légitime sur les biens de l'adoptant.

D'autres ont prétendu que les donations étant en principe irrévocables, et l'adoption n'étant elle-même qu'une donation spéciale, qu'une institution contractuelle, les donations antérieures à l'adoption devaient être à l'abri de la réduction, l'adopté du reste n'ayant pas dû compter sur des biens déjà sortis du patrimoine de l'adoptant.

Mais il nous suffit d'observer, pour faire tomber ce raisonnement que l'adoption, comme nous l'avons dit plus haut, est bien loin d'être une donation, une institution contractuelle, que c'est un contrat surtout moral, ayant un tout autre but des intérêts purement pécuniaires, un acte de l'état civil créant ni plus ni moins que des relations de paternité et de filiation ; et que la loi, après tout, traite l'adopté non comme un *donataire* mais, ce qui est bien différent, comme un *enfant né en mariage* (art. 350 précité) pour tout ce qui a trait à la succession de l'adoptant.

Quant au droit introduit par l'article 960 en faveur de l'enfant légitime survenant au donateur postérieurement à la donation, nous ne pensons pas que l'enfant adoptif puisse le faire naître. Le droit de révocation ne fait point en effet partie de la succession comme la réserve ; il produit son effet entre vifs et on pourrait même dire qu'il a plutôt lieu au profit du donateur qu'au profit de son enfant, puisque, aussitôt les biens rentrés dans son patrimoine, il peut par une nouvelle disposition, désormais irrévocable, les donner, soit à un autre, soit à la même personne ; Or, nous avons vu que ce n'est que pour les droits héréditaires que l'adopté est assimilé à l'enfant né en mariage.

2º HYPOTHÈSE : Prédécès de l'adopté. Au décès de l'adopté sa succession est dévolue à ses parents naturels ; l'adoptant n'y a aucun droit. La loi a voulu que l'adoption fût un acte de bienfaisance dans lequel l'adoptant ne pût pas chercher un moyen de s'enrichir. Mais s'il est juste que l'adoptant ne s'enrichisse point au détriment des héritiers naturels de l'adopté, il est juste aussi qu'il ne s'appauvrisse pas lui ou ses propres descendants au bénéfice de ces derniers. De là le droit de retour légal établi par les articles 351 et 352.

Nous allons, pour plus de clarté, examiner séparément au profit de qui il s'exerce, dans quel cas et sur quels biens.

A. Le droit de retour s'exerce non-seulement au profit de l'adoptant, mais encore au profit de ses descendants. C'est une différence avec le droit de retour légal de l'article 747 qui ne l'établit que pour l'ascendant donateur. Nous aurons à distinguer les deux cas, car le droit de retour ou ne porte pas sur les mêmes biens ou ne s'ouvre pas de la même façon suivant qu'il est exercé par l'adoptant ou par ses descendants.

B. Voici dans quel cas s'ouvre le droit de retour.

1° Pour l'adoptant lui-même, quand l'adopté meurt sans descendants. Ainsi il suffit que l'adopté laisse un descendant légitime à quelque degré que ce soit pour que le droit de retour n'ait pas lieu. Nous ajoutons que la présence d'un enfant adoptif de l'adopté défunt y ferait également obstacle ; car l'enfant adoptif de l'adopté a sur la succession de celui-ci les mêmes droits que les descendants légitimes, et le droit de retour n'est autre chose qu'un droit de succession anomale sur certains biens de la succession de l'adopté.

L'adoptant peut encore exercer son droit de retour quand les descendants de l'adopté meurent eux-mêmes sans postérité ; mais alors ce n'est que dans la succession du dernier mourant qu'il pourra reprendre les biens par lui donnés.

2° Pour les descendants de l'adopté ce droit ne s'ouvre que dans la succession de l'adopté mort sans enfants. Ainsi il suffit que l'adopté laisse soit un enfant légitime soit un enfant adoptif pour que les descendants de l'adoptant soient à jamais privés du droit de retour. La loi n'a pas voulu prolonger indéfiniment cette succession exceptionnelle ni remonter trop haut dans l'origine des biens. D'un autre côté, le droit des descendants de l'adoptant a plus d'étendue que celui de l'adoptant. Ainsi il est clair que l'adoptant ne peut exercer son droit de retour que sur les biens qu'il a donnés ; les descendants de l'adoptant peuvent au contraire non seulement l'exercer sur les biens donnés par l'adoptant mais encore sur tous ceux provenant de la succession de ce dernier qui se retrouveront encore dans la succession de l'adopté.

C. Pour que le retour légal puissent s'exercer, il faut que les biens donnés par l'adoptant ou provenant de sa succession se retrouvent *en nature* dans la succession du *de cujus*. C'est là la condition essentielle et le trait caractéristique du retour légal. Ainsi ils échappent au donateur ou à ses descendants si le donataire ou l'héritier en dispose soit à titre onéreux, soit à titre gratuit, soit par acte entre vifs, soit par acte testamentaire. La loi n'a pas voulu les frapper d'indisponibilité, ce qui eût nui aux intérêts du commerce et de l'agriculture et eût aussi trop restreint les droits du donataire, car quand on donne on ne doit pas donner à demi. Mais ces biens ne retournent entre les mains de l'adoptant ou de ses descendants qu'à la charge par ces derniers de contribuer aux dettes et sans préjudice du droit des tiers. C'est qu'en effet ce retour légal n'est qu'une succession anomale ; or on ne succède aux biens qu'à charge de contribuer aux dettes et de respecter tous les droits consentis sur eux par le défunt propriétaire.

L'adoptant pourrait-il, comme l'ascendant donateur, exercer son droit de retour sur l'action en reprise et sur le prix encore dû des biens aliénés ? Nous n'hésitons pas à dire oui ; oui, parce que la loi considère l'action en reprise comme l'objet même auquel elle s'applique en vertu de ce brocard ; *qui actionem habet ad rem recuperandam rem ipsam habere videtur ;* et que quant aux prix encore dû la loi adopte, à tort ou à raison, mais enfin adopte le même système, qu'il n'y a pas lieu par conséquent de distinguer ; et enfin parce que non seulement il y a lieu d'appliquer par analogie à notre matière les règles qui constituent le caractère de la succession anomale établie en faveur de l'ascendant donateur légitime par l'article 747, mais même par *a fortiori*, car le retour anomal des articles 351 et 352 est évidemment plus favorable aux yeux du législateur puisqu'il l'étend bien plus que le premier, l'accordant aux descendants de l'adoptant tandis que l'ascendant donateur légitime en jouit seul, et l'adoptant reprenant les biens par lui donnés jusque dans la succession des descendants de l'adopté, droit qu'on refuse généralement à l'ascendant donateur. Cela se comprend du reste, car, comme le remarque très-bien M. Marcadé, dans le cas de l'article 747 le donataire étant l'enfant légitime du donateur, ses héritiers seront le plus souvent des descendants légitimes du donateur, tandis que, dans le cas de notre article, les héritiers de l'enfant adoptif mort sans enfant seront complètement étrangers à l'adoptant. Or, ajoute-t-il, si pour le prix de la chose (*a fortiori* donc pour l'action en reprise) la loi pense que le donateur se préfère à ses propres descendants, comment penserait-elle qu'il ne se préfère pas à des étrangers ?

CHAPITRE IV.

Des causes de nullité ou d'annulation de l'adoption.

Nous pourrions terminer ici notre travail, car il embrasse tous les textes qui nous ont été soumis; néanmoins, pour rendre cette étude sur l'adoption aussi complète qu'il nous est possible, nous voulons examiner si le contrat d'adoption peut être annulé, et alors dans quels cas, par qui, et pendant combien de temps l'action en nullité pourrait être exercée.

Que l'adoption puisse être nulle, de nullité radicale, de nullité proprement dite, cela ne fait point de doute ; aussi tous les auteurs sont-ils d'accord sur ce point. Si en effet l'une des parties n'a point consenti lors de la passation du contrat chez le juge de paix ; si le prétendu contrat d'adoption n'a pas été reçu par un juge de paix, ou n'a pas été soumis à l'homologation du tribunal de première instance, ou bien encore s'il n'a pas reçu celle de la Cour d'appel, il est de toute évidence, bien que la loi ne le dise pas, qu'une telle adoption est nulle ou plutôt qu'il n'y a pas eu d'adoption. Au cas où l'adoption, parfaite d'ailleurs, n'aurait pas été inscrite sur les registres de l'état civil dans les trois mois qui suivent l'arrêt de la Cour, la loi elle-même la déclare nulle en termes formels. L'article 359 dit qu'elle restera sans effet.

Dans les cas énumérés ci-dessus, d'après les principes généraux qui régissent les contrats nuls, toute personne intéressée pourra, en tout temps, soit par voie d'action, soit par voie d'exception, soutenir qu'il n'y a pas d'adoption.

Mais l'adoption consentie, homologuée, inscrite, ayant en un mot une existence juridique, peut-elle être attaquée, si elle est affectée d'un vice qui, selon les principes du droit commun, permettrait d'en demander à la justice l'annulation ou si elle a eu lieu en dehors des conditions spéciales imposées par la loi ?

C'est ici que les opinions se partagent. Le code est complètement muet sur ce point et plusieurs auteurs argumentant de ce silence, du caractère tout particulier de l'adoption qui n'est ni un contrat, ni un jugement, de l'intervention de la justice dans laquelle ils voient une délégation de l'autorité législative, enfin du principe d'irrévocabilité qui domine l'adoption, soutiennent que l'adoption une fois homologuée et inscrite sur les registres de l'état civil est désormais à l'abri de toute rescission, est irréformable.

Ce système nous paraît trop rigoureux, aussi nous ne l'admettons pas.

Eh quoi ! le mariage lui-même est annulable pour vice de consentement et l'adoption ne le serait pas ! La loi prescrit une multitude de conditions pour la validité de l'adoption, de conditions d'ordre public pour la plupart, et si les magistrats trompés par de fausses pièces, de faux actes de naissance, des dissimulations coupables, ont homologué une adoption illégale, une adoption contraire à l'ordre public, tout serait fini ! On ne pourrait en appeler à la justice mieux informée ! Mais alors, comme le dit Toullier, les dispositions du code deviendraient illusoires ; mais les intérêts les plus sacrés eux-mêmes pourraient être compromis ? En effet, que la présence d'un enfant légitime ait été soustraite à la connaissance des tribunaux, voilà les droits des descendants légitimes lésés, eux que le code a voulu garantir avant tout ; car certes l'une des conditions les plus essentielles pour que l'adoption puisse avoir lieu c'est bien que l'adoptant n'ait pas de descendants légitimes ! Quant aux intérêts des collatéraux, il n'est pas juste de dire qu'ils ne peuvent être en cause, car, comme le remarque M. Demolombe, s'il est vrai de dire que l'adoption prive les collatéraux de leurs droits, cela ne doit s'entendre que d'une adoption régulière, valable, conforme aux prescriptions de la loi. On ne saurait prétendre non plus que la justice a dû pourvoir à leurs intérêts d'une façon qui les garantit complètement. La justice en effet s'informe comme elle veut, auprès de qui elle veut ; il n'y a point de débat contradictoire, les intéressés ne sont point prévenus, point appelés. Tout se passe au contraire dans l'ombre, dans le mystère.

Enfin quand on voit la loi permettre aux parties intéressées d'attaquer, quand il a été contracté contrairement aux lois, le mariage lui-même, et encore après avoir organisé tout un système de publicité qui a permis de faire connaître tous les empêchements qui pouvaient exister, la raison se refuse à croire que le législateur ait voulu se montrer plus sévère pour une institution bien moins favorable et dans laquelle les droits des intéressés étaient bien moins sauvegardés.

Il serait puéril, selon nous, de prétendre, pour se refuser à cette annulabilité de l'adoption, que l'intervention de la justice dans ce contrat la transforme en une véritable loi, la justice n'agissant que par délégation du pouvoir législatif, remplissant le même rôle que les comices dans l'adrogation romaine. Ce système, qui était à la vérité celui de Napoléon, a été complétement abandonné. La justice ne *décrète* point l'adoption ; elle ne rend même pas un *jugement* sur sa validité ; elle l'*homologue*. Elle intervient dans l'adoption pour vérifier si les conditions ont été remplies, si l'adoptant jouit réellement d'une bonne réputation, pour donner enfin un caractère plus solennel, en même temps que des garanties plus sérieuses, à un acte important de l'état civil. Mais elle ne fait point une *loi* et sa *sanction* est purement *gracieuse*.

Quant au principe d'irrévocabilité, nous le reconnaissons, nous l'avons admis, plus complètement même que Toullier qui permet de rompre le contrat d'adoption en suivant les mêmes formalités qu'on a remplies pour le former ; mais un contrat irrévocable peut parfaitement être annulable ; ce sont deux choses essentiellement différentes.

Un contrat révocable est néanmoins parfait, valable, sa révocation résultera de la volonté des parties, ou de faits postérieurs prévues par elles ou par la loi ; un contrat annulable est un contrat, qui peut bien être irrévocable de sa nature, mais qui renferme en lui-même un vice qui le rend imparfait, irrégulier, il n'est irrévocable qu'en tant qu'il est parfait. Nous ne sommes donc pas en contradiction avec nous-même.

Ainsi, aucune raison juridique ne s'oppose à l'annulation de l'adoption; la jurisprudence admet ce système.

Mais quelle voie suivre pour parvenir à la réformation de l'adoption ?

On a proposé plusieurs systèmes qui nous semblent tous aussi erronnés les uns que les autres parce que tous partent de cette idée, que nous croyons fausse, que c'est l'arrêt de la cour qui doit être attaqué, par conséquent l'autorité de la chose jugée qu'il s'agit de faire tomber.

Pour nous, nous pensons, avec MM. Demolombe et Marcadé, qu'on devra simplement agir par action ordinaire devant le tribunal de première instance du domicile du défendeur. En effet, ce n'est point l'arrêt qu'on doit attaquer, parce que ce n'est point l'arrêt qui crée l'adoption ; ce qu'on attaque c'est le contrat homologué par l'arrêt ; or, l'arrêt rendu non contradictoirement, sans contestation, n'est point un *jugement* mais une *homologation*, une *législation*, en un mot une *sanction à titre gracieux*.

Voyons maintenant pour quelles causes, par qui et pendant combien de temps l'annulation de l'adoption pourra être demandée, toutes questions que des arguments d'analogie ou l'interprétation de la pensée probable du législateur pourront seuls nous aider à résoudre.

Nous pensons que l'adoption serait annulable selon le droit commun des contrats, dans les cas où le consentement soit de l'adoptant soit de l'adopté aurait été donné par erreur, extorqué par violence ou surpris par dol ; et, toujours d'après ce même droit commun, que cette nullité serait relative. Ainsi celle des parties dont le consentement n'a pas été valable ou ses héritiers seraient seuls recevables à demander la nullité de l'adoption ; ainsi la nullité pourrait être couverte par une ratification expresse ou tacite : ainsi, encore d'après le principe général de l'article 1304, l'action serait prescriptible par dix ans à partir du jour où la partie intéressée aurait pu agir.

Nous pensons que l'adoption serait annulable, d'après le droit spécial de la matière, dans le cas où l'une des conditions exigées par la loi, soit du côté de l'adoptant, soit du côté de l'adopté, même l'une de celles que nous avons reconnues requises sinon par le texte du moins par l'esprit de la loi, n'aurait pas été remplie ou si les formes voulues n'avaient pas été observées. L'adoption est en effet une institution tout exceptionnelle, établie en dehors des principes du droit naturel: elle ne peut donc être valable que si toutes les prescriptions de la loi ont été remplies.

Toutefois nous voudrions, comme M. Demolombe, admettre quelques exceptions à ce principe. Ainsi nous ne penserions pas que l'action en nullité dût être reçue dans les trois cas qui suivent :

1° Sur le motif que l'adoptant ne jouissait pas d'une bonne réputation. Il nous paraît en effet évident que la loi a voulu attribuer aux juges sur ce point délicat un pouvoir absolu, sans appel possible, et d'ailleurs ne serait-il pas immoral de permettre à des collatéraux de venir, pour une question d'argent, insulter à la mémoire de leur parent.

2° Sur le motif que la prescription de l'article 346 (dernier paragraphe) relative au conseil que le majeur de vingt-cinq ans doit demander à ses auteurs. Ce n'est en effet ici qu'un simple devoir de déférence que la loi impose à l'adopté, puisque, le conseil demandé, l'adopté reste complètement libre de le suivre ou de n'en pas tenir compte. D'ailleurs dans un cas tout semblable le mariage est parfaitement inattaquable, et nous ne voyons aucune raison qui puisse s'opposer à l'analogie.

3° Enfin, sur le motif quel a remise des pièces n'aurait été faite qu'après l'expiration des délais de dix jours ou d'un mois prescrits par les articles 354 et 357. Même en se plaçant dans le système d'après lequel ces délais sont de rigueur, il nous paraît équitable que leur infraction ne puisse entraîner l'annulation d'une adoption peut-être déjà consommée depuis bien longtemps ; car autre chose est de refuser l'homologation d'une adoption qui n'est pas encore parfaite, qui n'a pas produit d'effets, autre chose est de l'annuler après qu'elle a déjà pu produire les effets les plus importants peut-être. Ici la sanction ne serait plus proportionnée à l'infraction de la règle.

A part ces trois exceptions, l'infraction de n'importe laquelle des autres conditions intrinsèques ou extrinsèques que nous avons reconnues requises par la loi rendrait recevable l'action en nullité de l'adoption. Et, comme toutes ces conditions (sauf peut-être celle qui exige que l'adopté de vingt-cinq ans obtienne le consentement de ses père et mère, qui nous semblerait plutôt prescrite dans un intérêt purement privé, et qui pour cette raison n'engendrerait selon nous qu'une nullité relative), comme toutes ces conditions sont d'ordre public, l'adoption qui aurait été contractée au mépris de l'une d'elles serait nulle de nullité absolue, c'est-à-dire à l'égard de toute personne intéressée, et sans ratification ni prescription possibles. Ainsi l'adoptant, l'adopté, le conjoint de l'adoptant, les héritiers de l'adoptant pourront intenter l'action en nullité de l'adoption. L'adoptant, l'adopté qui ont un intérêt moral et pécuniaire, le conjoint de l'adoptant qui a tout au moins un intérêt moral pourront agir en tout temps ; quant aux héritiers de l'adoptant, ils ne peuvent attaquer l'adoption que lorsqu'ils ont un intérêt né et actuel, par conséquent après le décès de l'adoptant seulement. Et, comme l'action des collatéraux est subordonnée à leurs droits pécuniaires et que ces droits sont susceptibles de prescription, les collatéraux qui auraient laissé prescrire leur pétition d'hérédité ne seraient plus recevables à attaquer l'adoption.

Quant à la condition imposée au mineur de vingt-cinq ans d'obtenir le consentement de ses père et mère, son infraction, comme nous venons de le dire, ne nous semblerait, ainsi qu'à M. Demolombe, devoir engendrer qu'une nullité relative, comme cela a lieu pour un cas tout semblable dans le mariage. Ainsi, ceux dont le consentement était requis et celui qui en avait besoin seraient seuls recevables à attaquer l'adoption. Ce n'est en effet que dans leurs seuls intérêts que cette règle a été établie, on peut donc les laisser seuls juges dans la question.

Mais nous penserions, contrairement au savant auteur, que l'action serait prescriptible par le délai d'un an, conformément à l'art. 183. Acceptant l'analogie sur un point nous ne voyons aucune raison de la rejeter sur l'autre.

POSITIONS.

Droit Romain.

I. Les enfants de l'adrogé subissent-ils la *minima capitis deminutio* comme l'adrogé ? — Oui.

II. Le mariage chez les Romains se formait-il par le seul consentement ? — Non.

Droit Français.

I. L'enfant adoptif peut-il faire réduire les donations tant antérieures que postérieures à l'adoption pour obtenir sa réserve ? — Oui.

II. Les enfants de l'adopté deviennent-ils civilement les petits-enfants de l'adoptant ? — Non.

III. Les donations déguisées sous la forme d'un contrat à titre onéreux sont-elles valables ? — Non.

IV. La révocation d'un testament par un acte sous seing privé ne contenant aucune disposition de biens mais écrit en entier, daté et signé par le testateur, est-elle valable ? — Oui.

V. Le billet ainsi conçu : « je paierai... je promets de payer telle somme à M. est-il suffisamment causé ; en d'autres termes, est-ce au porteur ou au signataire à faire la preuve qu'il n'y a pas de cause ? — C'est au signataire.

VI. La dot mobilière est-elle aliénable ? — Oui.

VII. Le locataire a-t-il un droit réel sur les biens qu'il afferme ? — Non ; son droit est personnel.

Droit commercial.

L'article 1657 est-il applicable en matière de commerce, c'est-à-dire, la résolution de la vente a-t-elle lieu de plein droit et sans sommation après l'expiration du terme convenu pour le retirement, en matière de denrées et d'effets mobiliers ? — Non.

Procédure civile.

Le procès-verbal de conciliation doit-il être considéré comme un acte authentique ou comme un acte sous seing privé ? — Comme un acte de nature mixte.

Droit administratif.

L'Assemblée nationale a-t-elle bien fait de rejeter l'impôt sur le revenu ? — Oui.

BILLAUD.

Vu pour l'impression :
Le Doyen,

E. BODIN.

Imprimerie P. Chauvin, à Redon.

www.ingramcontent.com/pod-product-compliance
Lightning Source LLC
LaVergne TN
LVHW021722080426
835510LV00010B/1092